0公式 經濟學

Simple ——— Economics

極簡經濟知識無痛學習！

李毅 —— 著

「大忙人也能輕鬆get的經濟學原理」

0 公式經濟學
極簡經濟知識無痛學習！

目錄

前言

第一部分　經濟學基本原理

1. 奇怪的高爾夫球　　10
2. 稀缺與選擇　　12
3. 木碗與寶石——物以稀為貴　　15
4. 石油真的會用完嗎？　　17
5. 秀才、木匠和農夫——社會分工　　19
6. 看書的成本是什麼？——機會成本　　21
7. 「覆水難收」——沉沒成本　　23
8. 我們為什麼會上網買書？　　25
9. 天生我才必有用——比較優勢理論　　27
10. 貿易可以讓每個人生活得更好　　30
11. 看不見的手　　32
12. 囚徒困境　　34
13. 獵人與獵狗——關於激勵的故事　　36

0 公式經濟學
極簡經濟知識無痛學習！

14. 如何分配稀飯才體現公平——制度的功能　　39
15. 基尼係數　　41

第二部分　個體經濟

16. 小屋奇遇——邊際效用遞減　　44
17. 鑽石與水的價格之謎——邊際效用決定價格　　46
18. 東施效顰——示範效應　　48
19. 由儉入奢易，由奢入儉難——棘輪效應　　50
20. 鯨魚油的故事——關於替代品　　52
21. 麥琪的禮物——關於互補品　　54
22. 現代經濟的細胞——企業　　56
23. 大企業與小企業　　59
24. 企業規模應該大還是應該小？——規模經濟　　61
25. 要素與生產　　63
26. 如何把梳子賣給和尚？　　65
27. 價格是如何決定的？　　67
28. 豐收悖論　　69
29. 為什麼要反對公司的壟斷行為呢？　　71
30. 為什麼價格會不一樣？——價格歧視　　73
31. 「波音」和「空中巴士」——寡頭市場　　75
32. 「波音」吃掉「麥道」——經濟中的兼併　　77

33. 可口可樂、百事可樂和七喜——差異化經營　　79
34. 英特爾公司和美國超微半導體公司的競爭　　81
35. 狼和獅子的故事——壟斷和競爭　　83
36. 嘉年華的大嗓門　　86
37. 賠償和補償　　88
38. 燈塔的故事——公共財　　90
39. 濫竽充數——「搭便車」行為　　93

第三部分　整體經濟

40. GDP——20世紀最偉大的發明之一　　96
41. 美國總統賺多少錢？——物價指數　　98
42. 獵狗與失業　　101
43. 是什麼決定了我們的生活水準？——勞動生產率　　103
44. 克魯格曼的預言——技術進步與經濟增長　　105
45. 雲霄飛車與經濟週期　　108
46. 大蕭條　　110
47. 1997年東南亞金融危機和2008年全球經濟危機　　112
48. 經濟危機之整體調控　　114
49. 小布希的減稅——財政政策　　117
50. 聯準會的魔術——貨幣政策　　119
51. 「國會保姆經濟」的故事——通貨膨脹與通貨緊縮　122

0 公式經濟學
極簡經濟知識無痛學習！

52. 匯率變動如何影響我們？——以新台幣升值為例　125
53. 歐元的誕生改變了什麼？　127
54. 貿易保護主義對一個國家是否利好？　130
55. 馬太效應　132

第四部分　貨幣與金融

56. 什麼是貨幣？　136
57. 格雷欣現象——劣幣驅逐良幣　139
58. 中央銀行——銀行的銀行　141
59. 商業銀行　143
60. 為什麼要買保險？　145
61. 股票和股票市場　147
62. 從眾心理——羊群效應　150
63. 複利　153
64. 套利　156
65. 風險投資　158
66. 不要把雞蛋放在一個籃子裡　160
67. 金融市場泡沫　162

前言

　　本書根據書中的內容和經濟學的知識，把書中的故事分成了四個部分：第一部分，經濟學基本原理；第二部分，個體經濟；第三部分，整體經濟；第四部分，貨幣與金融，使讀者可以更好地理解相關概念和其背後的經濟學原理。

0 公式經濟學
極簡經濟知識無痛學習！

第一部分　經濟學基本原理

　　這個單元主要介紹經濟學的基本原理和基本概念,這些原理和概念適用於所有經濟學領域。

0 公式經濟學
極簡經濟知識無痛學習！

1. 奇怪的高爾夫球

　　一位運動員、一位心理學家和一位經濟學家決定一起去打一場高爾夫球。不巧的是，他們三人剛好排在了兩個打得很慢、很業餘的人後面，這兩個人只有一個球童。打到第六洞時，三人開始大聲抱怨並要求前面兩個人打快一點。運動員說：「他們真應該好好練習練習再來打球。」心理學家說：「他們一定是喜歡打慢球。」經濟學家卻說：「我真的不想花這麼多時間來打一場高爾夫球。」打到第九洞時，心理學家忍受不了這樣的節奏，走到球童面前要求自己先打。

　　球童說「好」，但接著又解釋說，那兩個人是盲人，是從消防隊退休下來的，他們是因為在一場大火中救人而變成盲人的，希望心理學家等三人不要太大聲抱怨。運動員被感動了，他說：「我真是不該嫌他們打得慢。」心理學家也感動了，他說：「我受過良好的教育，要幫助他人，我不該因兩個盲人打球慢而抱怨。」經濟學家躊躇了一下，然後走到球童身後說：「下一次可否讓他們在晚上來打球？」

　　上面的故事讓我們看到經濟學家思考問題的角度和方式是不同的。經濟學家思考問題時，首先考慮的是效率。什麼是效率呢？簡單地說就是要讓資源得到有效利用，不能有浪費和閒置。當運動員、心理學家和經濟學家在等前面兩個人打球的

第一部分　經濟學基本原理
1. 奇怪的高爾夫球

時候，運動員和心理學家在埋怨，但經濟學家認為這是浪費時間。當得知兩人是消防英雄時，運動員和心理學家在悔恨，經濟學家卻提出了建議，希望消防英雄選擇在晚上來打球，這樣就能使資源得到更充分的利用。

經濟學中的「效率」是指讓有限的資源得到充分和有效的利用來滿足人們和社會的需要，也可以更直觀地認為是在付出一定經濟成本後所能實現的經濟收益的大小，經濟收益越大，經濟效率越高。比如暑假的時候，小紅和小明在家長的鼓勵下，準備嘗試一下創業。小紅投入了 50 元的成本買了 100 份報紙進行銷售，獲得了 100 元的收益。而小明投入了 50 元的成本購買了一些做涼粉的原材料，最後賣出了 50 份涼粉，獲得了 300 元的收益。那麼你說誰的經濟效率更高呢？

0 公式經濟學
極簡經濟知識無痛學習！

2. 稀缺與選擇

　　蘇格拉底是古希臘偉大的哲學家，有一次幾個學生向蘇格拉底請教人生的真諦。

　　當時正好是秋季果子成熟的時候，於是蘇格拉底把學生們帶到一片果林邊，指著前面的果林對學生說：「你們順著這條路，一直走到盡頭，選擇一枚你們認為最大最好的果子交給我，但是不許往回走，且你們每人只有一次機會，我將在路的盡頭等你們。」

　　學生們不理解老師為什麼會叫他們做這麼簡單的事，但又不敢質疑，因為在他們眼裡，老師是一位聖人，這樣做必定有他的道理。學生們陸續出發，一路上他們都在認真地選擇。當他們走到路的盡頭的時候，老師已經在那裡等候他們了。

　　「你們是否已經找到自己想要的果子了？」蘇格拉底問。學生們你看看我，我看看你，都不敢回答。

　　蘇格拉底微微一笑，再次問道：「怎麼了，我的孩子們？你們選到自己滿意的那枚果子了嗎？」

　　「老師，請讓我再選一次吧。」一個學生不好意思地撓撓頭說道，「我剛走進果林，就發現了一枚很大很好的果子，但我還想找一個更大更好的，所以我放棄了，繼續往前找，可直到最後我才發現，原來第一次看到的那枚果子才是最大最好的，但

第一部分　經濟學基本原理
2. 稀缺與選擇

已經沒法回頭了。」

另一個學生緊接著說:「我恰好相反,我走進果林就摘下了一個很大很好的果子,但是後來我才發現,林子裡更大更好的果子多得是。老師,請讓我再選擇一次吧!」

「老師,請讓我們再選一次吧!」孩子們一起請求。

「孩子們,人生是沒有第二次機會的,人生的真諦就是如此啊!」蘇格拉底說道。

我們的時間是有限的,我們的精力是有限的,我們的錢是有限的,我們的機會是有限的,我們生活中的絕大多數資源都是有限的。這在經濟學上稱為資源的稀缺性。這些資源對我們非常有用,因此我們不得不面臨選擇的問題:如何讓這些有限卻有用的資源充分發揮它們的作用。這是經濟學面臨的基本問題,所以有的經濟學家把經濟學稱為有關「選擇」的學科。

稀缺性指資源的有限性。正是因為資源有限,經濟學才要求我們做出最好的選擇,讓資源得到有效的利用,以實現我們的目標,滿足我們的需要。

例如,時間對每位大家來說都是很寶貴的。我們每人每天只有 24 小時,除了吃飯睡覺,真正能用於學習的時間非常有限。但為什麼有的人成績就要優秀一些呢?一個重要原因就是這些人會充分利用有限的時間,來取得更好的成績。如何有效地利用時間,是用來打電動,還是讀書?是用來預習國文,還

0 公式經濟學
極簡經濟知識無痛學習！

是複習數學？這是每位人需要認真思考的問題。

第一部分　經濟學基本原理
3. 木碗與寶石──物以稀為貴

3. 木碗與寶石──物以稀為貴

　　從前，有一個窮人家徒四壁，家裡唯一能用的就是一個舊木碗。於是，他帶著這個舊木碗四處流浪。窮人聽說在國外工作比在國內賺得多，就坐上漁船去國外打工。不幸的是，漁船在航行中遇到了特大風浪，被大海吞沒了。船上的人幾乎都被淹死了。窮人抱著一根大木頭才活了下來。窮人被海水衝到一個小島上，島上的居民看見窮人的木碗，感到非常新奇，便用島上的寶石換走了木碗，並把窮人送回了家。一個富翁聽說了窮人的奇遇，心中暗想：「一個木碗都能換回這麼多寶石，如果我送去很多可口的食品，那該換回多少寶貝呀！」富翁裝了滿滿一船山珍海味和美酒，坐船來到島上。島上的居民接受了富人送來的禮物，品嘗之後讚不絕口，說要送給他最珍貴的東西。富人心中暗自得意，不料一抬頭，看見酋長雙手捧著的「珍貴禮物」竟然是窮人用過的那個舊木碗！

　　看了這個故事你也許會問：「為什麼一個普通的木碗可以換那麼多寶石呢？在我們看來寶石不是比木碗更貴重嗎？」這個問題可以在一句古話「物以稀為貴」中找到答案。生活中，鑽石非常稀少，而木碗到處都是，所以鑽石的價格遠遠高於木碗。而在故事中的海島上，情況卻完全相反：鑽石數量很多，木碗卻從未見過。因此，海島上木碗的價格遠遠高於鑽石。再

0 公式經濟學
極簡經濟知識無痛學習!

舉個例來說吧。生活中水比寶石有用得多,人們離開寶石可以生活,但是離開水就活不下去。那麼,為什麼寶石比水貴得多呢?道理是一樣的,即生活中水比較多,而寶石比較少啦!

4. 石油真的會用完嗎？

這是一堂「經濟學原理」選修課。

老師以一個問題開始了這節課：「孩子們，據統計，全球石油儲量約為 10000 億噸，我們現在平均每年用掉約 40 億噸，那麼我們多長時間會把石油用完呢？給大家十秒鐘的時間思考。」

十秒鐘後，老師問道：「是多長時間？」

沒有人回答。

老師說：「再給大家十秒鐘。」結果還是沒人答得出。這時，老師注意到一個孩子，這個孩子眉頭緊鎖。於是老師問他：「大家都在計算，你為什麼不算呢？」

孩子回答道：「我在想是否可以少用一點呢？或者再到新的地方多找一點呢？」

孩子的回答讓老師滿意地笑了。

老師說：「你知道嗎？這就是你應該學習經濟學的原因。現在，我可以告訴大家答案了。答案就是永遠也不會用完！」

「為什麼呢？」大家不解地問道。

老師笑了笑，又問：「如果我有一個大倉庫，裡面裝有很多開心果，你們每個人都可以帶朋友來吃。但是有一個要求，你們要把吃完的果殼都留在倉庫裡。那麼什麼時候這個倉庫裡的開心果會被吃得一顆不剩呢？」

0 公式經濟學
極簡經濟知識無痛學習！

　　剛才那個孩子立即站起來，說：「永遠也不會。」臉上洋溢著笑容。
　　為什麼不會吃完呢？讓我們來分析一下。
　　最初大家一定會覺得很好，不僅不用花自己的零用錢去買開心果，還可以帶著夥伴經常光顧。於是來吃開心果的人越來越多，倉庫裡的開心果越來越少，而果殼卻越來越多了。隨著果殼的增加，大家發現開心果越來越難找了。於是，大家開始權衡：是來這花很多精力和時間，吃幾顆免費的開心果划算？還是直接去商店買划算？
　　於是，越來越多的人開始去商店購買而不再來這裡繼續尋找了，因此那些難以尋找的開心果被保存了下來。
　　這個故事說明：當獲取一種商品或資源的成本超過另一種時，人們會自然地選擇更經濟和節約的方式來達到目的。石油也是如此，當人們開採石油的難度達到一定程度後，另一些能源必然會被選擇來取代石油。就像現在，隨著石油資源日益減少，人們不斷探索和開發新的能源，比如太陽能、核能等。

5. 秀才、木匠和農夫——社會分工

有一天，一個秀才、一個木匠和一個農夫同桌吃飯。木匠和秀才看不起農夫，有意把他晾在一邊。木匠對秀才說：「我斧來砍，刨來蓋，做的桌椅誰不愛？先生你請菜又請菜！」秀才聽了很高興，馬上回敬說：「我筆來寫，紙來蓋，做的文章誰不愛？師傅你請菜又請菜！」兩人互相恭維，你來我往，好不熱鬧，把那個農夫孤零零冷落在一旁。農夫越想越生氣，站起來大聲說：「我犁來翻，耙來蓋，種出的五穀誰不愛？你敢不吃我的飯，我就敢不吃你的菜！」聽農夫這麼一說，秀才和木匠知道失禮了，連忙向農夫道歉，請他吃菜。

上面的故事告訴我們分工在社會生活中的重要性。大約在1770年代，如果家裡的縫衣針壞了，那麼你有兩種選擇：要嘛自己磨一根，要嘛去市場買一根。如果想靠自己打磨，辛苦勞作一整天大概也只能造出20根針，按照每天工作10小時來計算的話，你的速度是每半小時打磨一根針。但翻開歷史書你就會發現在18世紀的時候，生產針的工人並不是完全依靠自己的力量單獨完成生產任務的。當時的工人們發現，團結協作共同生產遠比一個人生產要有效率。他們把生產的過程分為許多小工序，每個工人負責其中一部分。在當時的生產技術條件下，透過這樣一種勞動分工，10個人1天就可以製造48000根針，

0 公式經濟學
極簡經濟知識無痛學習！

平均每人每天能生產 4800 根針，這比自己單獨生產足足多了 240 倍。

在人類歷史上，社會的發展和進步一直伴隨著社會分工的進步，我們發現社會越往前發展，分工就越精細。分工協作的思想在我們的日常生活中無處不在。例如我們要舉辦一場才藝晚會，如果讓擅長跳舞的人去跳舞、擅長唱歌的去唱歌、擅長表達的去當主持人，那麼我們就能讓每個人都發揮自己的特長，去做自己擅長和喜歡的事情，我們的工作就一定能夠做得更好。

社會分工是指各種社會勞動被劃分為不同的行業部門，各個生產者依據社會需要生產不同的產品。社會分工的優勢就是讓擅長的人做自己擅長的事情，讓生產效率顯著提高。中國有句古話，「三百六十行，行行出狀元」，就是這個意思。「三百六十」是一個虛數，指行業類別眾多，這說明分工非常細，大家都在自己的專業和行業裡做自己擅長的事，並取得好成績。

6. 看書的成本是什麼？——機會成本

如果問大家一個問題：「看書的成本是什麼？」很多人都會回答：「買書的錢啊。」也許很多人還會抱怨，現在的書太貴了，便宜的幾百元，貴的上千元，成本太高了。

誠然，買書的花費確實是看書讀書的重要支出和重要成本，但這就是看書的全部成本了嗎？很顯然，除了購書的支出以外，看書還有一項重要的成本就是看書的時間。有的人覺得很奇怪，看書的時間也算成本嗎？要理解這個問題，就要弄清經濟學中機會成本的概念。

機會成本，是為了得到某種東西而放棄了其他的東西，不僅包括付出的金錢、物質資料，還包括為之放棄的其他機會。當然，一般而言，並非所有放棄的都是機會成本，只有被放棄的價值最高的才是機會成本。

所以你買書的錢是你看書的成本，同時，你看書的時候還消耗了大量的時間成本，這些時間如果不用來看書是可以進行其他活動的，比如鍛煉身體、學習繪畫等。所以看書最大的成本不是購書的錢，而是時間，這就是機會成本。

雖然很多人並不懂得機會成本的概念，但是作為一個理性的人，人們在日常生活中所做的選擇往往是考慮了機會成本的。比如對於一個學生而言，他可以選擇花時間去網咖玩遊戲

0 公式經濟學
極簡經濟知識無痛學習！

或者在教室念書，去玩遊戲的機會成本是在教室學習，而在教室學習的機會成本是放棄在網咖玩遊戲所獲得的快樂。如果現在面臨考試，最好的選擇就是在教室念書，因為放棄這個選擇的機會成本太大。

　　機會成本是經濟學中一個非常重要的概念，它是指人們在做選擇時所放棄的資源在其他用途上可以獲得的最大收益。例如，農民在獲得一塊新的土地時，面臨種植什麼或者養殖什麼的問題。如果選擇養豬就不能選擇養其他家禽，養豬的機會成本就是放棄養雞或養鴨等的收益。假設養豬可以獲得9萬元，養雞可以獲得7萬元，養鴨可以獲得8萬元，那麼養豬的機會成本是8萬元，養雞的機會成本為9萬元，養鴨的機會成本也為9萬元。農民的最終決定就是在這塊新獲得的土地上養豬，因為養豬帶來的收益最大。

7.「覆水難收」——沉沒成本

西漢時期有個讀書人朱買臣,家境貧寒,但他仍然堅持讀書。幾年時間過去了,他的妻子實在受不了貧寒的生活,決定離開他改嫁給另一個家境比較殷實的人。

幾年後,朱買臣出人頭地,做了太守。當他衣錦還鄉時,很多人擠在街道兩旁觀看,他的前妻也在人群中。當她看到朱買臣穿著官服、戴著官帽,威風凜凜地走過來時,不禁為以前離開他而後悔,便主動上前要求和朱買臣復婚。朱買臣叫隨從端來一盆水,潑在地上,對前妻說:「潑出去的水,就再也收不回來了。」

後來,「覆水難收」比喻一切都已成定局,不能更改。其實,「覆水難收」就是一種沉沒成本。

舉例來說,如果你預訂了一張電影票,已經付了票款且不能退票。但當電影演了一半之後你覺得不好看,此時你付的錢已經不能收回,這就是沉沒成本。

大多數經濟學家認為,如果你是理性的,就不該在做決策時考慮沉沒成本。比如在看電影的例子中,可能會有兩種結果:第一種是付錢後發覺電影不好看,但忍受著看完。第二種是付錢後發覺電影不好看,退場去做別的事情。

兩種情況下你都已經付了錢,所以不應該再考慮錢的事,

0 公式經濟學
極簡經濟知識無痛學習！

而應決定是否繼續看這部電影。作為一個理性的人，選擇把電影看完就意味著要繼續受罪，而選擇退場無疑是明智的。

不計沉沒成本也反應了一種向前看的心態。對於整個人生歷程來說，我們以前走的彎路、做的錯事、受的挫折，何嘗不是沉沒成本。過去的就讓它過去，總想著那些已經無法改變的事情只能折磨自己。應該承認現實，把已經無法改變的「錯」視為昨天經營人生的損失和今天經營人生的沉沒成本。

要以全新的面貌去面對未來，這才是一種健康的、快樂的、向前看的人生態度，以這樣的態度去面對人生才能輕裝上陣，才能獲得成功。

沉沒成本是指已經發生但無法收回的成本，在我們做決策時不應該考慮這種成本。比如，在考試的時候，你可能花了很多時間去做某一道題，但一直沒有做出來。有的人會想繼續做，因為已經花了許多時間，不想放棄。但這個想法並不太好，因為前面花的時間屬於沉沒成本，付出已經無法收回了。最好的選擇是重新評估，如果可以很快地做出這道題，那就繼續做；如果不行，那就放棄這道題，去做能夠很快做出的題。

8. 我們為什麼會上網買書？

在現實生活中，我們會發現有許多企業並不在意消費者排隊等待的時間。比如，我們買車票需要排隊等待，逢年過節時，甚至可能要排一兩個小時的隊；去繳手機費也需要排隊等候；上醫院看醫生更是要等很長時間才能輪到自己，有時候甚至要提前好幾天預約。

2000 年，美國奎斯特電信公司賠償消費者 27 億美元，來補償因延遲安裝設備而使消費者等待的時間。也就是說，他們為消費者排隊花的時間付了錢。

我們的時間是有價值的。假設某個消費者的年收入是 50 萬元新台幣，她一年工作 2000 個小時，那麼她的時間價值就是每小時 250 元。如果她決定去書店購買一本《紅樓夢》，價格是 400 元。那麼她需要開車去書店，其間停車、買書、開車來回，總共可能需要 1 個小時，則她買書的成本總共是 250+400=650（元）。

但是假如她在網上購買，只需要花 6 分鐘就能買到這本書，此時時間價值是 25 元（每小時的時間價值是 250 元，相當於每 6 分鐘的時間價值是 25 元），加上 400 元書費和 45 元郵寄費，她在網上買書的總成本是 470 元，比去書店買要便宜 180（650-470=180）元。正是因為如此，網路購物才會流行起來。

0 公式經濟學
極簡經濟知識無痛學習！

事實上，大多數網上零售商的商業戰略都是盡可能地節約消費者的時間，以此來吸引顧客，因為商家知道時間就是價值。

我們已經在前面解釋過機會成本的概念，而時間也是具有成本的。網路能夠在 21 世紀如此發達的原因之一，就是因為它給人們帶來了便利，節省了人們的時間。

比如，我們在網上瀏覽新聞，不但能節省去買報紙的時間，同時還能獲得更多更新的消息；我們在網路購物，不但便宜，還能節省我們去店面購物的時間。

時間價值，或者說時間成本是指時間的經濟價值。很多人認為工作的時候時間是有經濟價值的，因為工作的時候可以掙到薪資，假如薪資為每小時 250 元，那麼 1 小時工作時間的經濟價值就是 250 元。但是，很多人沒有意識到，不工作的時間也是有經濟價值的。為什麼？這就是我們前面講的機會成本。如果你把本該工作的時間用來打電動或者玩耍，那麼你就放棄了這段時間可以得到的薪資回報，你多玩 1 小時，就少得到 250 元。所以這段玩耍時間的經濟價值也是每小時 250 元。

第一部分　經濟學基本原理
9. 天生我才必有用——比較優勢理論

9. 天生我才必有用——比較優勢理論

　　兩位朋友甲和乙正在穿越森林，突然發現前面有一隻老虎。這時甲趕緊從背包裡拿運動鞋換上，乙看到後輕蔑地說：「你以為換上運動鞋就能跑得過老虎了？」甲看了看乙，不屑地說：「跑不過老虎不要緊，只要能跑得過你就行了！」

　　雖然這只是一個笑話，但其中蘊含著深刻的經濟學道理。英國著名的經濟學家大衛李嘉圖創立的比較優勢理論就反應了這個道理。那麼什麼是比較優勢理論呢？我們來看一個例子：

　　假設美國投入 1 個勞動力能生產 5 件衣服，或者 10 件電子產品；而台灣同樣投入 1 個勞動力能生產 3 件衣服，或者 5 件電子產品。將兩者進行對比，無論製衣還是加工電子產品，台灣的效率均趕不上美國。這是不是就意味著在國際競爭中，台灣的製衣業、電子行業均會被美國同行超越？

　　讓我們來算一下。

　　在美國，多生產一件衣服必須放棄生產 2 件電子產品。而在台灣，多生產一件衣服，只需放棄 5/3 件電子產品。

　　從中可以看出，美國人生產衣服的機會成本比台灣要高，反過來說，美國人生產電子產品的機會成本比台灣人要低。聰明的美國人發現，對美國最有利的戰略不是憑藉技術優勢將台灣這兩個行業擠掉，而是集中生產自己機會成本低的產品，而

0 公式經濟學
極簡經濟知識無痛學習！

將機會成本高的產品交給台灣去生產，這樣做對雙方都有好處。

我們接著看：假設中美雙方在這兩個行業中各投入 10 個勞動力，則美國可以生產出 50 件衣服和 100 件電子產品，台灣可以生產出 30 件衣服和 50 件電子產品。兩個國家共生產了 80 件衣服和 150 件電子產品。

但是台灣的製衣業具有相對的優勢，而美國生產電子產品具有相對的優勢，如果每個國家都把較多的勞動力投入到自己相對有優勢的地方，生產具有比較優勢的產品，結果會怎麼樣呢？

如果美國人將 16 個勞動力投入電子產品，剩下的 4 個勞動力生產衣服，那麼美國可以生產 160 件電子產品和 20 件衣服。台灣讓 20 個勞動力專門生產衣服，而不生產電子產品，則台灣可以生產 60 件衣服。現在兩國一共可以生產 80 件衣服和 160 件電子產品。

我們看到最後的結果是衣服的總數量不變，而電子產品的數量增加了。如果兩國之間進行貿易，台灣拿出 30 件衣服去交換美國 55 件電子產品，則美國最後有 50 件衣服和 105 件電子產品，而台灣有 30 件衣服和 55 件電子產品。交換後的結果比最初的情況（美國的 50 件衣服和 100 件電子產品；台灣的 30 件衣服和 50 件電子產品）對兩國來說都變得更好了。這就是比較優勢理論。

第一部分　經濟學基本原理
9. 天生我才必有用——比較優勢理論

　　比較優勢告訴我們：即使你樣樣都落後於他人，但不要灰心和喪氣。請記住：天生我才必有用，因為你總有自己的相對優勢。只要你認準了自己的優勢，踏踏實實地工作和學習，就會在社會上找到屬於你的空間。畢竟現代社會是一個各盡所能、各自有優勢、人人有發展空間的社會。

　　比較優勢是指每個經濟主體用自己具有的相對優勢，或者說機會成本比較低的方式進行生產和決策。這種思想從古到今都一直被運用。古代田忌賽馬的故事也反應了比較優勢原理。田忌一方有上、中、下三個等級的馬，每個等級的馬的品質都劣於齊王的馬。但是，田忌用完全沒有優勢的下馬對付齊王有完全優勢的上馬，用擁有比較優勢的上馬對付齊王的中馬，再用擁有比較優勢的中馬對付齊王的下馬，結果田忌兩勝一負贏得比賽。

10. 貿易可以讓每個人生活得更好

　　正如文字和車輪一樣，貿易被認為是人類最偉大的發明之一。現如今，即便在世界上最提倡自由的國度，我們仍然能聽到政治家們在討論貿易保護政策，但顯然，自由通暢的貿易將代替保護主義為世界帶來更多的福利。

　　曼昆在《經濟學原理》一書中用一個簡單的經濟模型解釋了這個現象。假設世界上只有兩個人——一個牧牛人和一個種土豆的農民。如果這兩個人「老死不相往來」，那麼他們都只能消費各自的產品；相反，如果兩個人進行貿易，則他們會在合理的價格下實現「雙贏」。

　　想像一下，如果沒有貿易，我們的生活將會怎樣？

　　對於住在北方的人來說，普通的香蕉變成了奢侈品，因為想在北方種植香蕉，不僅成本巨大，而且能不能結出果實也很難說。而對於住在南方的人而言，北方的葡萄就只能在夢中品嘗了。

　　現在我們每個人都生活在貿易帶來的便利之中。我們身上穿的衣服是由製衣廠的工人做的，每天吃的飯菜是由農民種植生產的，看的書是由印刷廠工人印製的，等等。

　　自第一次工業革命之後，人類的社會化大生產使得分工越來越細，人們被要求專注於自己擅長的工作並從中得到報酬，

第一部分　經濟學基本原理
10. 貿易可以讓每個人生活得更好

再用得到的報酬來換取需要的東西。這也就是為什麼我們不用親力親為地製造每一件所需物品的原因了。

　　貿易可以讓生活變好，這是經濟的基本道理。現在的貿易不僅在國內，也在各個國家之間發生，我們稱之為國際貿易。由於國際貿易的存在，我們可以用透過努力得到的報酬換取美國的可口可樂、日本的遊戲機、巴西的咖啡豆、法國的葡萄酒及瑞士的手錶等。如果所有的東西都靠自己做，我們可能永遠都只會為滿足基本溫飽而整日奔波，而無法享受現代生活帶來的便利。

0 公式經濟學
極簡經濟知識無痛學習！

11. 看不見的手

在日常生活中，我們經常可以看到在一些新建的社區裡，隨著居民的不斷入住，相關的配套服務設施，如商店、餐廳、美容院、菜市場等都逐步建立起來。這些服務設施並不是一開始就計劃好了的，而是隨著入住居民的增多，居民對這些服務設施有所需求，於是，便自發形成了依託社區的市場，產生了商業機會。

自發形成的市場給社區的居民提供了極大的便利，而建立這些市場並不僅僅出於為他人服務的目的，建立者們也希望從中獲得利益。亞當斯密在《國富論》中提到，市場的自發形成好像是由一隻看不見的手推動著的。

亞當斯密認為，每個人都應利用自己的資本，使之產生最大的價值。從主觀上講，一個人並不想製造公共福利，更不知道實際上會增加多少公共福利，他所追求的僅僅是個人的利益，但他這樣做的時候，有一隻看不見的手在引導他去幫助製造社會福利，而這並非是他的本意。透過追求個人利益，卻無意識地擴大了社會利益，其效果優於主動擴大社會利益。亞當斯密之所以提出這一論斷，認為人們都有「利己心」，是因為「利己心」驅使著人們去獲得最大利益，當每個人都得到了利益的時候，社會也就獲得了財富，因為財富是所有國民對必需品

第一部分　經濟學基本原理
11. 看不見的手

和享用品的消費。這就是亞當斯密「看不見的手」的實質。

「看不見的手」實際上指的是市場經濟制度。市場經濟制度是現代社會組織經濟中一種行之有效的方式。

12. 囚徒困境

假設警察抓了兩名一起作案的嫌犯，由於目前還沒有足夠的證據來證明兩個被抓的嫌犯就是罪犯，所以除非他們自己認罪，否則法官是無法定他們罪的。

那麼，警察該怎麼審訊才能讓嫌犯主動交代自己的罪行呢？

很顯然，我們不能把兩個嫌犯放在一起審訊，因為如果這樣，他們就可以一唱一和，串通起來蒙騙警察。

而分開審訊至少能保證在審訊的時候嫌犯不會串通，如果他們說的話不一致，警察很容易就能知道有人在說謊並且查到事實真相。但是，嫌犯也可能同時否認自己犯罪的事實，特別是知道在招供後會被嚴懲的情況下。所以假如招供不但沒有好處還會被判重刑的話，他們一定會同時否認事實。

那麼，警察應該怎麼做呢？

警察設計了這樣一種方案來解決這一問題。首先把嫌犯分開審訊，並且規定：

①如果他們都否認自己偷東西，那麼每人都會被關押10天。

②如果只有一個嫌犯招供，他就可以馬上被釋放，而不認罪的嫌犯就要被關押30天。

第一部分　經濟學基本原理
12. 囚徒困境

③如果兩個嫌犯都招供，他們都會被關押 20 天。

面對這幾種方案，嫌犯們會怎麼辦呢？我們暫且給這兩個嫌犯取名為 A 和 B。

A 肯定會想，無論 B 怎麼選擇，我選擇認罪對我來說是最有利的。因為如果 B 選擇不認罪，則 A 就可以馬上被釋放，比他選擇不認罪被關押 10 天要好得多；假如 B 選擇認罪，這時候 A、B 都會被關押 20 天，也比他選擇否認事實要好，因為否認的結局是要被關押 30 天。

同樣的，B 也會這麼想。所以最終的結果是他們都會認罪，並且都被判 20 天的監禁。但是這比他們都否認，並被判關押 10 天的結果要差很多。這就是經濟學中著名的「囚徒困境」。

在經濟學中，「囚徒困境」想表達的是這樣一種思想：有的時候，個人的自私與不合作會使事情的結果變糟。就像上面的例子，如果兩個嫌犯都不認罪，那麼他們都會被關押 10 天，但兩個嫌犯卻都選擇了認罪，最後都被關押了 20 天。自私讓兩個人的處境變得更不好了。再比方說我們進行一場籃球比賽，如果每個人都想掙取表現，多進幾球，那麼往往會輸掉整場比賽，因為籃球比賽光靠一個人是打不贏的。所以我們做選擇時，不能只考慮如何最大化自己的利益，還得考慮別人會怎麼選，如果合作比不合作更利於達到最終的目標，我們就應該盡力做好溝通，進行合作。

0 公式經濟學
極簡經濟知識無痛學習！

13. 獵人與獵狗──關於激勵的故事

　　一條獵狗追趕一隻兔子，追了很久仍沒有追到。牧羊犬看到此種情景，譏笑獵狗說：「你們兩個之間，個子小的反而跑得快。」獵狗回答說：「我們兩個跑的目的是完全不同的！我是為了一頓飯而跑，它卻是為了性命而跑呀！」

　　這話被獵人聽到了，獵人想：獵狗說得對啊，如果我想要得到更多的獵物，就得想個好法子。於是，獵人又買來幾條獵狗，凡是能夠捉到兔子的，就可以得到幾根骨頭作為獎勵，捉不到的就沒有飯吃。這一招果然有用，獵狗們紛紛努力追兔子，因為誰都不願意看到別人有骨頭吃，自己卻沒得吃。

　　可是過了一段時間後，問題又出現了。大兔子非常難捉到，小兔子好捉，但捉到大兔子得到的獎賞和捉到小兔子得到的差不多。於是，獵狗們就專門去捉小兔子。獵人問獵狗們：「最近你們捉的兔子越來越小了，為什麼？」獵狗們說：「既然得到的骨頭都一樣多，為什麼還要費那麼大的勁去捉大兔子呢？」

　　獵人經過思考，決定不將分骨頭的數量與是否捉到兔子掛勾，而是每過一段時間，就統計一次捉到的兔子的總重量，按照重量來評價獵狗的表現，決定其待遇。於是獵狗們捉到兔子的數量和重量都增加了，獵人很開心。

第一部分　經濟學基本原理
13. 獵人與獵狗——關於激勵的故事

但是又過了一段時間,獵人發現,獵狗們捉到兔子的數量又少了,而且越有經驗的獵狗,捉到兔子的數量下降得越厲害。於是獵人又去問獵狗。獵狗說:「我們把最好的時間都奉獻給了您,主人,但是隨著時間的推移我們會變老,當我們捉不到兔子的時候,您還會給我們骨頭吃嗎?」獵人做了論功行賞的決定,分析匯總了所有獵狗捉到兔子的數量與重量,並規定如果捉到的兔子超過了一定數量,即使以後捉不到兔子,每頓飯也可以得到一定數量的骨頭。獵狗們很高興,都努力去完成任務。

這是一個在經濟學和管理學中常常會引用到的關於激勵的故事。在這個故事中,獵人想要獵狗多抓兔子,這樣自己就可以得到更多的收入。而對於獵狗而言,抓兔子是很累的。它們既想得到獵人給的食物,又想盡量少做事。在這樣的情況下,獵人就必須激勵獵狗。開始的時候,獵狗抓不到兔子就沒得吃,所以,它們只好拚命抓兔子。但是,當它們發現可以偷懶只抓小兔子時,它們又只抓小兔子。但當獵人把食物與重量聯繫在一起時,這個問題得到了解決。可是,獵狗也有老的一天,它們也會為自己的「退休生活」做打算。於是為了激勵它們好好抓兔子,獵人又答應保證它們的老年生活。這就是一個不斷激勵的過程。

同樣的道理,在我們的學習和生活中,也要有個目標,用

0 公式經濟學
極簡經濟知識無痛學習！

這個目標來激勵自己。但這個目標不能太高，也不能太低。太高了，我們實現不了，也就失去了激勵的意義；太低了，很容易實現，也失去了激勵的作用。

14. 如何分配稀飯才體現公平
——制度的功能

有7個人組成了一個小團體共同生活,其中的每個人都是平凡而平等的,雖沒有害人之心,但不免自私自利。他們想用非暴力的方式,透過制定制度來解決每天的吃飯問題——分食一鍋稀飯,但並沒有稱量用具和有刻度的容器。

他們發揮了聰明才智,嘗試了不同的方法,經過多次博弈形成了日益完善的制度,大體來說有以下五種方法。

方法一:指定一個人負責分配稀飯。但大家很快就發現,這個人為自己分的最多。於是他們又換了一個人來分,但最後總是負責分稀飯的人碗裡的稀飯最多。

方法二:大家輪流負責分稀飯,每人一天。這樣等於承認了個人有為自己多分稀飯的權利,同時給予了每個人為自己多分的機會。雖然看起來平等了,但是每個人在一週中只有一天吃得飽並且有剩餘,其餘6天都飢餓難挨。大家認為這種方式導致了資源浪費,非常不好。

方法三:大家選舉一個信得過的人負責分稀飯。開始這人還能基本保持公平,但不久他就開始為自己和溜鬚拍馬的人多分。為了糾正,大家不得不尋找新思路。

方法四:成立一個分稀飯委員會和一個監督委員會,形成

0 公式經濟學
極簡經濟知識無痛學習！

監督和制約。這樣的方式下基本能做到公平，可是由於監督委員會常提出多種議案，分稀飯委員會又據理力爭，等大家商定好後，稀飯早就涼了。

方法五：每個人輪流值日分稀飯，但是分稀飯的那個人要最後一個領稀飯。令人驚奇的是，在這個制度下，7 個碗裡的稀飯每次都一樣多。每個負責分稀飯的人都認識到，如果 7 個碗裡的稀飯不相同，他無疑將享有最少的那份。這樣分配既公平，也沒有浪費。所以這個方案最終被大家接納。

從上面的故事中我們可以看出：制度是至關重要的。要想有一套好的制度，我們需要敢於跳出傳統的思維去尋找新的解決問題的辦法。一套好的機制對領導者來說比自己事無鉅細、事必躬親要有效得多。經濟系統就像一部大機器，好的機制透過它的各個組成部分的相互作用，實現總體功能。在國民經濟的大系統中，有物質生產部門和非物質生產部門，並存在生產、流通、分配、消費四個環節，各部門、各環節之間都有系統的聯繫。只有良好的經濟運行機制，才能使國民經濟這個大系統更好地運行，更好地發揮作用，使社會經濟和諧健康地發展。

15. 基尼係數

　　世界銀行發布了《國民財富的變化：2018》。報告中指出，全球財富在過去 20 年裡顯著增加，但全球經濟和收入不平等的現象很嚴重，經濟合作與發展組織成員國中，高收入國家的人均財富是低收入國家的 52 倍。怎麼來衡量收入是否平等呢？

　　目前，國際上用來分析和反應居民收入分配差距的方法和指標很多。基尼係數由於給出了反應居民之間貧富差異程度的數量界線，可以較客觀、直觀地反應和監測居民之間的貧富差距，預報、預警和防止居民之間出現貧富兩極分化，因此得到世界各國的廣泛認同並被普遍採用。

　　基尼係數的經濟含義是：在全部居民收入中，用於進行不平均分配的那部分收入占總收入的百分比。基尼係數最大為「1」，最小為「0」。前者表示居民之間的收入分配絕對不平均，即 100% 的收入被一個單位的人全部佔有了；而後者則表示居民之間的收入分配絕對平均，即每個人的收入完全平等，沒有任何差異。但這兩種情況只是理論上的絕對化形式，在實際生活中一般不會出現。因此，基尼係數的實際數值只能介於0~1。

　　聯合國有關組織規定，若基尼係數介於：

　　0~0.2，表示收入絕對平均；

　　0.2~0.3，表示收入比較平均；

0.3~0.4，表示收入相對合理；

0.4~0.5，表示收入差距較大；

0.5~1，表示收入差距懸殊。

由此可見，基尼係數的數值越低，表明財富在社會成員之間的分配越均勻；反之則相反。

基尼係數是一把用來衡量一個國家社會財富分配的尺。透過這把尺，我們便能夠清楚地知道，某一個國家的財富分配狀況究竟是怎樣的。

一個國家的基尼係數越大，說明這個國家的財富分配越不平等。當少數人擁有了一個國家絕大多數財富時，這個國家便會出現嚴重的兩極分化：一部分人成天花天酒地，而另一部分人卻衣不蔽體、忍饑挨餓。嚴重的貧富分化也會帶來暴力、犯罪，甚至是社會的動盪，因此，對於一個國家而言，保證財富公平合理的分配，是一個政府應盡的責任。

第二部分　個體經濟

　　現代經濟學的兩個最重要也最基本的學科是個體經濟學和整體經濟學,本部分介紹個體經濟學的一些基本概念和方法。個體經濟學分析單個消費者、單個企業的行為,研究單個市場的運行。

16. 小屋奇遇——邊際效用遞減

有一天，一個女孩被一首歌曲吸引來到了一間小屋，她被這首曲子深深地打動了，淚流滿面想再聽一遍。緊接著這首歌又自動播放了第二遍，她拍手稱好。當歌曲播放第三遍時她哼著曲調，心滿意足，打算離開。但這時卻發現不知什麼時候門已經被鎖上了，她出不去了，而音樂又不知怎麼的關不掉，於是她又坐下聽了第四遍、第五遍、第六遍、第七遍，她開始發呆。到第十遍後，她開始按捺不住，在屋內轉個不停，試圖掩住耳朵，或堵住音樂。到第二十遍後，她開始出現獨自大吵、大叫、歇斯底裡等非正常症狀。第三十遍後，她出現了血壓降低、體溫下降、目光呆滯等生理症狀。第五十遍後，她被抬著出來。故事到此並未結束，以後的日子裡，每當響起那首曲子時，人們都會看到她目光呆滯，堵住耳朵，大聲狂叫。

上面的故事有點誇張，但是在生活中，你也許會有這樣的生活體會：當你非常餓的時候，吃第一個饅頭，會覺得很幸福；吃第二個饅頭，也很幸福，但是不如吃第一個時幸福感那麼強烈；吃第三、第四、第五個饅頭時，幸福感會越來弱；當吃第十個饅頭的時候，你獲得的可能就不是幸福而是痛苦了。再比如你口渴的時候願意花 2 塊錢買一杯礦泉水，當你喝下這杯水之後，感到不那麼渴了，於是現在你只願意花 1 塊錢買第二杯

第二部分　個體經濟
16. 小屋奇遇——邊際效用遞減

水,喝下肚的時候,你已經不口渴了,也不願花錢買水了,除非第三杯水白送給你喝。第三杯水下肚,你的肚子已經脹了,如果還要你喝第四杯,你不但不覺得爽,反而覺得難受。

也許你會告訴我說:「我特別喜歡吃某種東西,而且吃了十幾年還是喜歡呢!這與經濟學中的邊際效用遞減規律不符呀!」其實不是這樣的,這個規律的前提是你在某個時間段內連續不斷地一直吃。也許你以後還會喜歡吃,但是在一段時間內連續吃的話,你就會對邊際效用遞減規律有所體會了。

邊際是經濟學中一個非常重要的概念。所謂的邊際效用是指消費者對某種物品的消費量每增加一單位所增加的額外滿足程度。邊際效用遞減是指隨著消費量的不斷增加,所增加的效用(邊際效用)卻不斷降低。在經濟學中還會碰到很多與邊際相關的概念,比如邊際成本。邊際成本指的是每增加一個產品所增加的成本。舉一個例子,現在很多商場有這樣的促銷活動,第一件全價,第二件 8 折。比如一件商品單價為 100 元,那麼買一件就是 100 元,買兩件就是 180 元。對消費者而言,一件的總成本是 100 元,兩件的總成本是 180 元,第二件商品的邊際成本就是 80 元。

0公式經濟學
極簡經濟知識無痛學習！

17. 鑽石與水的價格之謎
——邊際效用決定價格

　　如果有人問你：是水貴還是鑽石貴呢？你可能會毫不猶豫地回答：「肯定是鑽石呀！」那你有沒有想過這是為什麼呢？為什麼在日常生活中，更有用的水比沒什麼用的鑽石更貴呢？這就涉及經濟學中的價值悖論。

　　價值悖論又稱價值之謎，指有些東西效用很大，但價格很低；有些東西效用很小，但價格卻很高。這種現象與傳統的價格理論不一致。價值悖論是亞當斯密在 200 多年前提出的。解釋這一問題 的關鍵是區分總效用和邊際效用。水給我們帶來的總效用是巨大的，沒有水，我們無法生存。但我們對某種物品消費越多，其最後一個單位的邊際效用也就越小。我們用的水很多，因此最後一單位水的邊際效用就微不足道了。相反，鑽石的總效用並不大，但由於鑽石稀有，所以，它的邊際效用就大了。在經濟學中，有一個基本理論：對消費者而言，商品的價格由商品帶給消費者的邊際效用所決定。所以，由於鑽石的邊際效用大，鑽石的價格就高；而水的邊際效用低，水的價格就低。

　　經濟學中認為，人們願為邊際效用高的商品支付高價格，為邊際效用低的商品支付低價格。不難看出邊際效用和物品的

第二部分　個體經濟
17. 鑽石與水的價格之謎——邊際效用決定價格

稀缺性有關。「物以稀為貴」的道理正在於「稀」的物品邊際效用高。比如為什麼很多人願意為限量版的鞋支付很高的價格，其中重要的原因就是限量版的鞋很少，喜歡它的人能得到很大的邊際效用，所以願意支付高價。但如果這種鞋不再限量了，那麼它的價格就會下降，帶給消費者的邊際效用就會越來越小，消費者願意支付的價格也越來越低。

0 公式經濟學
極簡經濟知識無痛學習！

18. 東施效顰——示範效應

　　大家都聽說過「東施效顰」這個成語。春秋戰國時期的越國有一個美女名叫西施，長得非常漂亮，傾國傾城。但西施患有心口疼的毛病。有一天，她的病又犯了，胸口十分疼痛。她手捂胸口，雙眉微皺，樣子別有一番風味，惹人憐愛。這時，一個叫東施的醜姑娘路過，看見西施皺著眉頭，用手按著胸口的樣子十分好看，就照樣模仿起來，自以為這樣就很美麗了。村民們看到她的樣子，覺得她更醜了。後來，人們以「東施效顰」來比喻「醜拙」盲目機械地效仿「美巧」，結果適得其反，鬧出笑話。　從另外一個角度來看，上面的故事也很形象地說明了示範效應的奇妙作用。示範效應，即向別人學習的現象。它實際出於動物的本能（包括人）。比如，猴子喜歡吃桃子，可是它們從來都不會洗桃子。人們找來一個小猴子並教會它吃桃子之前先把桃子洗乾淨。一段時間以後，人們把這個小猴子放進猴群，當它吃桃子的時候就會先洗乾淨再吃，可其他的猴子不僅不學它的方法，反而還會排斥它。人們又找了一個猴王，教它吃桃子之前先洗乾淨。這時情況發生了變化：眾猴子紛紛效仿，洗完桃子再吃成為了猴子世界的一種時尚。人類的示範效應正是根源於這種動物本能，並由社會因素的影響漸漸演變形成。

第二部分　個體經濟
18. 東施效顰——示範效應

　　示範效應往往是雙向的，這就是所謂「壞」榜樣和「好」榜樣的影響。比如你的同學買了一支蘋果 iPhone，雖然你比較窮買不起，但是因為虛榮心你也買了一支，這便是一種「壞」的示範效應。但也有好的示範效應，比如說，你的隔壁桌特別愛讀書，這使得你不甘落後也努力學習。我們提倡好的示範效應，向好的榜樣學習。

　　由此我們也可以理解，商家高價邀請明星做自己產品代言人的特殊用意了。「明星」成了商家通向消費者的橋梁、連接消費者的紐帶，是商家促進銷售的「法寶」。從經濟學的角度講，這些商家利用的是「示範效應」。所以，「示範效應」可以當之無愧地被稱為消費市場背後一隻促進經濟發展的「無形的手」。

> 0 公式經濟學
> 極簡經濟知識無痛學習！

19. 由儉入奢易，由奢入儉難——棘輪效應

　　商朝時，商紂王登位之初非常勤儉，一心想治理好國家。當時，天下人都認為在這位英明國君的治理下，商朝的江山會蒸蒸日上。有一天，紂王命人用象牙做了一雙筷子，並十分高興地用這雙象牙筷子就餐。他的叔叔箕子見了，勸他收起來，而紂王卻滿不在乎，滿朝文武大臣也不以為意，認為這是一件很平常的小事。箕子為此憂心忡忡，有的大臣問他原因，箕子回答：「紂王用象牙做筷子，就不會用土製的瓦罐盛湯裝飯，肯定要改用犀牛角做成的杯子和美玉製成的飯碗，有了象牙筷、犀角杯和美玉碗，難道還會吃粗茶淡飯和豆子煮的湯嗎？大王的餐桌從此頓頓都要擺上美酒佳肴了。吃的是美酒佳肴，穿的自然要綾羅綢緞，住的也要富麗堂皇，還要大興土木築起亭台樓閣以便取樂。這樣的後果讓我不寒而栗。」果然，箕子的預言很快就應驗了，不到 5 年的時間，由於商紂王驕奢無度，商朝滅亡了。

　　這印證了一句老話：「由儉入奢易，由奢入儉難。」這句話出自宋朝的政治家和文學家司馬光的《勉諭兒輩》一文，意思是說從節儉變得奢侈是容易的，從奢侈變得節儉卻困難了。司馬光是想告訴其子孫要勤儉持家，這樣才能長長久久。從現代經濟學的角度來看，司馬光的這段話實際上反應的是消費中「棘

第二部分　個體經濟
19. 由儉入奢易，由奢入儉難——棘輪效應

輪效應」的現象。所謂棘輪效應，是指人的消費習慣形成之後有不可逆性，即易於向上調整，而難於向下調整。

現實當中，棘輪效應非常普遍。我們吃慣了大魚大肉，就很難再接受粗茶淡飯；我們穿上了華美奢侈的衣衫，就會覺得簡單樸素的衣服不合時宜。慢慢地，我們習慣了奢侈安逸的生活，而失去了艱苦奮鬥的精神。所以家長在教育小孩的時候要避免「棘輪效應」的出現。比爾蓋茲夫婦多次提到，打算去世後只留給3個子女一部分遺產，而把其餘資產捐給慈善機構。他們說：「我們決定不給孩子們留太多遺產，這既不利於孩子，也不利於社會。」他們培養孩子的獨立精神，希望孩子們能正確認識財富，透過自己的奮鬥贏得一切，而不是成為「寄生蟲。」棘輪效應是人的一種本性，人生而有欲，「饑而欲食，寒而欲暖」。人有了慾望就會千方百計地尋求滿足。但是，消費要結合自身情況，不要養成奢靡的消費習慣。

棘輪效應是經濟學家杜森貝里提出的。他認為消費者的消費決策很大程度上取決於他們的消費習慣。這種消費習慣受許多因素影響，如生理和社會需要、個人的經歷等，特別是個人在收入最高時所達到的消費標準對消費習慣的形成有很重要的影響，消費者很容易參考高收入時期的消費水準來消費，即使收入下降，消費水準也很難再改變。

20. 鯨魚油的故事——關於替代品

在電燈被發明之前，美國主要用鯨魚油來照明。

隨著美國內戰的爆發，鯨魚油的需求量大幅增加，而供給卻急遽下降。每箱鯨魚油從 1823 年的 43 美分 1 加侖（1 美制加侖 ≈ 3.79 升）漲至 1866 年的 2.55 美元 1 加侖的天價，人們甚至不敢在晚上閱讀，以此來節約費用。鯨魚油的高價使得人們開始減少對鯨魚油的使用，各種「節能燈」相繼被發明，並且人們紛紛開始保存鯨魚油。

然而與此同時，當鯨魚油的價格一路上升的時候，企業家開發替代品的動力也上升了。在歐洲，從煤裡蒸餾出來的煤氣成為一種經濟上可行的替代物，使鯨魚油的需求量大幅下降。那些追逐利潤的商人們受到莫大的鼓舞，紛紛去開發廉價的能夠提煉原油的工藝。鯨魚油的替代品——煤油很快出現在市場上。隨後，每箱鯨魚油的價格跌到幾十年來的最低點，鯨魚油燈幾乎從人們的視野中消失。然而，作為鯨魚油替代品的煤油也沒有存在很長時間，很快就被石油取代了。現在我們使用最多的就是石油。目前，各個國家都在努力開發新能源，比如太陽能、水能、核能、地熱能、風能等，這些都是石油的替代品。

在這個故事中，價格對需求起了作用。在鯨魚油價格升高的情況下，消費者通常會減少使用該產品，其他可替代能源就

第二部分　個體經濟
20. 鯨魚油的故事——關於替代品

會被更迅速地開發出來。在這裡，鯨魚油、煤油就互為替代品。

替代品是指那些能夠實現同種功能的其他產品。一種物品價格上升引起另一種物品需求增加，我們就說這兩種物品「互為替代品」。像百事可樂與可口可樂、茶與咖啡、鋼筆與圓珠筆等都互為替代品。我們再來舉一個具體的例子，比如三星的手機和蘋果的手機就是非常典型的互為替代品。如果蘋果 iPhone 價格上漲，蘋果 iPhone 的需求量就會下降，大家會減少對蘋果 iPhone 的購買，而增加對三星手機的購買。正是由於大量替代品的出現，很多商品的價格才不能定得太高。

> 0 公式經濟學
> 極簡經濟知識無痛學習！

21. 麥琪的禮物——關於互補品

美國小說家歐亨利的名篇《麥琪的禮物》講述了這樣一個故事。

德拉和吉姆夫婦過著非常貧窮的生活，但他們各有一件引以為豪的東西。一件是吉姆的傳家寶金錶；另一件則是德拉的秀髮。可是吉姆的金錶沒有一條像樣的錶鏈；而德拉的頭髮也沒有漂亮的梳子與它做伴。在聖誕節的前一天，德拉想給丈夫吉姆一個驚喜，可是她只有1.87美元，這點錢根本買不到什麼好的禮物，於是她把引以為豪的褐色瀑布似的秀髮剪下來賣了，換來了20美元。找遍了各家商店，德拉終於買到一條樸素的白金錶鏈，可以配上吉姆的那塊金錶。

吉姆回到家後，死死地盯著德拉。「吉姆，親愛的，」她喊道，「別那樣盯著我。我把頭髮剪掉賣了，如果不送你一件禮物，我無法安心過聖誕節。你肯定猜不著我給你買了一件多麼美麗精緻的禮物啊！」

「你說你的頭髮沒有了嗎？」吉姆白痴似地問道。德拉說：「是的，我已經將它賣掉了，沒有啦。」

吉姆好像從恍惚之中醒來，他從大衣口袋裡掏出一個小包，扔在桌上說：「無論剪髮、修面，還是洗頭，我認為世上沒有什麼東西能減少我對你的愛。不過，你只要打開那包東西，

第二部分　個體經濟
21. 麥琪的禮物——關於互補品

就會明白剛才我為什麼愣頭愣腦了。」

德拉解開繩子，打開紙包，欣喜若狂地尖叫起來：「哎呀！」

紙包裡是一套髮飾，是很久以前德拉在百老匯的一個櫥窗裡見過並非常喜歡的。這套髮飾實在太昂貴，她從未想過據為己有。現在，這套髮飾居然屬於她了，可惜能夠配得上這裝飾品的美麗長髮已無影無蹤了。

「德拉，」吉姆說，「讓我們把聖誕禮物保存起來。它們實在太好了，但目前我們都用不上，因為這髮飾是我用金錶換來的。」

上面講的是一對夫妻為了給對方買禮物而犧牲自己最珍貴的東西的故事。從經濟學的角度看，這個故事涉及的是互補品的概念。互補品是指相互搭配使用才能帶給消費者滿足感的商品。在這個故事中，手錶和錶鏈是互補品，頭髮和髮飾是互補品。由於吉姆賣掉了手錶，錶鏈對他來說就沒有多大價值了；而德拉賣掉了頭髮，至少在頭髮長長以前那一套精美的梳子對她來說也沒多大價值。互補品只有配套使用才有價值。

0公式經濟學
極簡經濟知識無痛學習！

22. 現代經濟的細胞──企業

日常生活中，我們經常可以看到「企業」一詞頻繁地出現。如果你對「企業」依然陌生的話，那麼你可以看一下周圍的東西：一支鉛筆、一瓶可樂、一台電視機，甚至是放在你面前的這本書，都是由特定的企業生產與銷售的。

企業可以很小，小到像你家周圍只有一個人經營的小商店；也可以很大，大到像Walmart，在全球擁有將近200萬名員工。

企業是從事生產、流通與服務等經濟活動的營利性組織。企業透過各種生產經營活動創造物質財富，提供滿足社會物質和文化生活需要的產品和服務。根據企業的財產組織形式其可分為：個體企業、合夥企業和公司制企業。個體企業與合夥制企業往往比較小（比如你家附近的小商店等），如果經營不善導致債務問題，企業的出資人將承擔所有的負債，直到清償債務為止。而公司制企業則有所不同，對於一家新成立的公司來說，如果你投資了一部分錢給這家公司，便成為這家公司的股東。如果公司經營不善，債務纏身，你的損失最多也就是你投入公司的那些錢而已。因此，由於公司制企業具有這一極大的優點（當然其他優點也有很多），公司制企業逐漸成了現代企業制度中最重要的組成部分。

第二部分　個體經濟
22. 現代經濟的細胞——企業

作為一個新成立的公司的出資人，即股東，你也許對經營企業並不是太在行，因此公司就需要聘請一些具有企業經營管理能力的人來從事企業的日常管理工作。這是現代企業中的委託代理關係，即擁有企業的人並不真正參與企業的經營，而是委託他人對企業進行經營管理，來為自己的利益服務。

圖 2-1 是某公司組織結構圖：

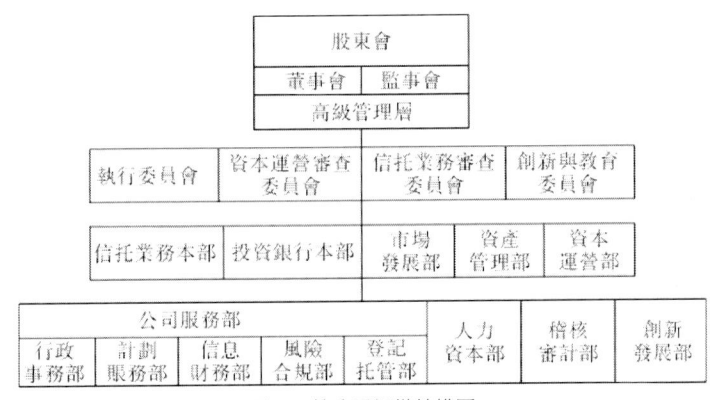

```
                    股東會
              ┌──────┬──────┐
              │ 董事會 │ 監事會 │
              ├──────┴──────┤
              │   高級管理層   │
┌────────┬────────┬────────┬────────┐
│執行委員會│資本運營審查│信托業務審查│創新與教育│
│        │  委員會  │  委員會  │ 委員會  │
├────────┼────────┼────┬───┴┬───────┤
│信托業務本部│投資銀行本部│市場│資產│資本  │
│        │        │發展部│管理部│運營部│
├────────┴────────┴────┼───┼───┬───┤
│      公司服務部          │人力│稽核│創新│
├───┬───┬───┬───┬───┤資本部│審計部│發展部│
│行政│計劃│信息│風險│登記│    │    │    │
│事務部│服務部│財務部│合規部│托管部│    │    │    │
└───┴───┴───┴───┴───┴───┴───┴───┘
```

圖 2-1 某公司組織結構圖

從圖 2-1 中我們可以看到現代企業的基本組織結構。下面我們就對企業中頻繁出現的幾個詞，如 CEO、董事會做一下介紹。

董事會是股東大會或企業職工股東大會的業務執行機關，負責公司或企業的業務經營活動的指揮與管理，對公司股東大會或企業股東大會負責並報告工作。股東大會或職工股東大會

0 公式經濟學
極簡經濟知識無痛學習！

所做的有關公司或企業重大事項的決定，董事會必須執行。

　　CEO 是首席執行官（Chief Executive Officer）的英文縮寫。CEO 要對所有的事情負責，如公司運作、市場、策略、財務、企業文化的創立、人力資源、雇用、解聘及遵守安全法規、銷售、公共關係等。CEO 所做的每件事情都是別人無法替代的。

　　企業在經濟學中也稱為廠商或生產者，是指生產和提供產品或服務，追求利潤最大化的獨立決策的經濟組織。企業主要有三種類型：個體企業、合夥企業和公司制企業。雖然公司制企業可能是大家聽到的最多的，比如華為技術有限公司（簡稱華為），但現實中最多的還是個體企業，比如你身邊的小餐廳、小雜貨鋪等。合夥制企業相對較少，主要有律師事務所、會計師事務所等。

第二部分　個體經濟
23. 大企業與小企業

23. 大企業與小企業

《財富》雜誌公布的 2018 年度世界 500 強中，營業收入排在前 3 位的公司分別是美國的沃爾瑪 WALMART，中國的中國石油化工集團公司（SINOPECGROUP）和荷蘭的荷蘭皇家殼牌石油公司（ROYALDUTCHSHELL）。

如今，很多世界級公司的規模已經大到令人吃驚的地步。那麼，為何要擴大公司規模呢？

要解釋這一問題，我們先來想一下為什麼遠洋船隻大多是大型的輪船而不是摩托艇呢？這在很大程度上是由海洋本身決定的。如果風平浪靜，燃料及食物充足，再加上超人的毅力，選擇摩托艇進行遠洋航行基本沒有什麼大的問題。但是一旦天氣變壞，波濤洶湧的海洋或許就是摩托艇的葬身之地。但萬噸級的巨輪受風浪的影響並不會太大。

市場與海洋有很大的相似性。金融危機、經濟危機、政策變壞、利率變化、匯率變動等都像狂風巨浪一樣衝擊著市場競爭中的企業，為了抵禦如此頻繁的衝擊，企業不由自主地選擇擴大規模來增強自身的抗衝擊能力。當然，不可忽視的是，隨著企業規模不斷擴大並達到一定程度，企業內部分工逐漸明確，並有能力整合整條產業鏈，這極大地降低了成本，使企業在競爭中獲得優勢。

0 公式經濟學
極簡經濟知識無痛學習！

　　然而，大企業畢竟是少數。你經常光顧的小商店、小餐廳等，不像那些大企業一樣，擁有上萬的員工和數以億計的營業額。它們或許只有幾個人在經營，盈利並不多，只夠維持一家人或幾個員工的生活，但這些小企業卻是我們生活中不可或缺的。它們給我們的生活帶來了極大的便利，也解決了很多就業問題。

　　不可否認的是，正如摩托艇可以靈活地躲避前進中的障礙物，而鐵達尼號雖然發現了冰川卻依然難逃沉沒的命運一樣，小企業也有它自身的優勢。出於規模小，小企業的轉型便容易很多，比如你家附近新開的餐館，有可能兩三年之後就成了雜貨店；而規模龐大的大眾汽車公司，一百多年來一直生產汽車。

　　企業規模過大帶來的問題也有很多，其中很重要的一個就是管理的難度及成本會極大地上升，一旦管理不善就有倒閉的危險。大企業倒閉的例子比比皆是。

　　企業的大小是由企業的銷售收入或者資產規模來衡量的。大企業有大企業的優點，比如管理比較規範，抗風險能力較強等。小企業有小企業的優點，比如經營比較靈活等。企業要根據市場環境和自身的特點選擇適合自己的規模，這樣才能追求利潤最大化和實現自身的發展。

第二部分　個體經濟
24. 企業規模應該大還是應該小？──規模經濟

24. 企業規模應該大還是應該小？
──規模經濟

　　台灣台塑集團於 1954 年創立，主要經營業務是生產一種 PVC 粉。在 1957 年的時候，台塑企業還是世界上規模較小的 PVC 塑膠粉生產商。

　　台塑集團是王永慶先生事業的起點。台塑在王永慶先生接手之前生產的 PVC 粉，每月的產量僅有 100 噸，而且其產品在台灣市場上也只能賣出 20 噸。因為公司生產成本高，價格降不下來，所以 PVC 粉市場一直被日本企業所占領。

　　王永慶認為，如果公司僅僅按照台灣市場的需求量來確定企業的生產規模，成本就不會降下來，因此儘管只生產 100 噸產品也還是賣不出去。但是，假如能夠透過擴大生產規模而降低成本，再進一步降低售價，就有可能增加銷量，這樣不但能奪回台灣市場，還能把產品推向全世界。

　　那麼，到底擴大規模能不能降低生產成本呢？

　　王永慶先生認為這是可能的，因為在台灣能生產 PVC 粉的原料很多，加之當時台灣勞動力豐富且薪資水準很低。於是王先生抱著「破釜沉舟」的決心，在台灣 PVC 粉供大於求的情況下毅然決定擴大規模。

　　1960 年，台塑集團的 PVC 粉的月產量達到了 1200 噸──

0 公式經濟學
極簡經濟知識無痛學習！

　　這正是 PVC 粉生產的適度規模，實現了全世界範圍內平均成本最低，不僅占領了台灣市場，且產品大量出口，變積壓為短缺。

　　王永慶成功了，他的成功很大程度上受益於規模經濟，當然還有其他方面的努力，例如降低銷售成本、加強內部管理、與國外合作等，但是最關鍵的還是擴大規模使得生產成本降低。王永慶也因此獲得了「台灣經營之神」的稱號。

　　台塑集團透過擴大生產規模，成功地降低了生產成本，使得台塑集團的產品打破了台灣市場的局限，走向了全世界。

　　當然，企業的規模也並不是越大越好，當企業的規模達到一定程度之後，企業的管理與資訊傳遞變得越來越困難，從而使得生產成本不斷提高，即隨著企業規模的不斷擴大，企業也會經歷規模不經濟的階段。

　　規模經濟是指在一定的產量範圍內，隨著產量的增加，平均成本不斷降低的現象。這意味著當企業的規模較小時，企業的平均成本會較高，而當企業規模擴大，產量增加時，企業的平均成本反而會下降，這對企業的經營是非常有利的，對社會也很有利。因為產量擴大，成本降低，價格也會降低，企業銷量增加，消費者花的錢也少。現實中很多行業都會出現規模經濟的現象，比如汽車行業、電子產品行業等。

第二部分　個體經濟
25. 要素與生產

25. 要素與生產

　　想一下我們常用的鉛筆是如何生產出來並最終來到我們手中的。一支普通的鉛筆大體包括以下幾個部分：木頭、漆、石墨、一丁點金屬，還有一塊橡皮。也許在你看來一支鉛筆的生產過程或許簡單到不值一提，而實際情況卻讓人大吃一驚。

　　生產一支鉛筆所用的木材來自林場工人種植的樹木，等樹木長大之後再進行砍伐，然後將這些木材用車、船等運輸工具運到木材加工廠，加工成做鉛筆所需要的規格尺寸，再運往鉛筆廠。在此過程中，各個環節又涉及其他眾多相關物品及產業，如種樹用的鐵鍬，伐木用的鋸子，運輸用的車船等。

　　下面再來看一下石墨。產出的石墨首先要與黏土混合，經過一道道工序最終才能生產出做鉛筆的鉛芯。完成這一過程，同樣要有礦工、機器、化學品、運輸工具等的共同參與。

　　而塗在鉛筆外面的漆與固定橡皮所用的鐵片以及橡皮本身的生產過程也不簡單。如此看來，生產一支普通的鉛筆是非常複雜的。

　　在生產鉛筆的過程中，參與生產的種種物資及勞動被稱為生產要素。現代經濟學將生產要素分為四類：勞動力、自然資源、資本和企業家才能。還是以生產一支普通的鉛筆為例。為了生產這支鉛筆，首先要有一些具有企業家才能的人來組織生

0 公式經濟學
極簡經濟知識無痛學習！

產，他們往往不直接參與生產，而是招募工人進行生產，這樣便有了勞動力。木材、石墨等原料在經濟學中屬於自然資源。另外，生產鉛筆還需要廠房和機器，這些便是經濟學中所說的資本。

生產是一個非常複雜的過程。在現代社會中，生產一件普通商品要經過很多環節，使用各種生產要素。這是由於現代社會分工越來越細，產品種類越來越多，使得社會生產變得更加有效率，也讓我們能消費的東西越來越豐富。

要素也稱為生產要素，是在生產過程中用來生產的投入品。現代生產中常用的投入品主要包括：自然資源（比如土地、石油）；勞動力（生產中投入的人工）；資本（這裡主要指的是機器、設備和廠房）；企業家才能（主要是優秀管理者的管理和組織生產的能力）。

第二部分　個體經濟

26. 如何把梳子賣給和尚？

　　一家著名的大公司招募一名行銷人員，許多大學生紛紛赴公司應徵。公司出了一道讓他們摸不著頭腦的題目：想辦法在10天內把木梳盡可能多地賣給和尚。

　　試想一下，如果你是應徵者，這時候你該怎麼辦？我們都知道，和尚是光頭，並不需要梳子。在經濟學中，我們把這種情況稱為消費者對商品的需求不足。當出現需求不足的時候，一般來說廠家會降低價格，以保證商品能賣出去。然而生產木梳也需要成本，所以應徵者不可能把梳子送給和尚。他們該如何把梳子賣出去呢？接下來讓我們看看他們是怎麼做的。

　　第一次面對這樣的應徵題目，絕大多數學生感到困惑不解：出家人都是光頭，用梳子幹什麼？於是，大多數大學生覺得荒謬便離開了。最後只剩下甲、乙、丙三個人。

　　十天以後，面試官問甲：「賣出多少把？」答：「1把。」「怎麼賣的？」甲講述了自己遊說和尚買梳子，無甚效果，還慘遭和尚的責罵，好在下山途中遇到一個小和尚一邊晒太陽，一邊使勁撓著頭皮。甲靈機一動，遞上木梳，小和尚用後滿心歡喜，於是買下一把。

　　面試官問乙：「賣出多少把？」答：「10把。」「怎麼賣的？」乙說他去了一座有名的古寺，由於山高風大，進香者的頭髮都

0 公式經濟學
極簡經濟知識無痛學習！

被吹亂了，他找到寺院的住持說：「蓬頭垢面是對佛的不敬，應在每座廟的香案前放把木梳，供善男信女梳理鬢髮。」住持採納了他的建議。那座山中有 10 座廟，於是他賣出了 10 把木梳。

面試官問丙：「賣出多少把？」答：「1000 把。」面試官驚問：「怎麼賣的？」丙說他去了一個頗具盛名、香火極旺的深山寶剎，朝聖者、施主絡繹不絕。丙對住持說：「凡來進香參觀者，多有一顆虔誠之心，寶剎應有所回贈，保佑其平安吉祥，鼓勵其多做善事。我有一批木梳，您的書法超群，可刻上『積善梳』三個字，作為贈品。」住持大喜，立即買下 1000 把木梳。得到「積善梳」的施主與香客也很高興，一傳十，十傳百，朝聖者越來越多，香火也越來越旺。

經濟學家只告訴我們當需求不足的時候，降價能夠增加商品的出售量，並沒有告訴我們還可以創造需求。同樣一件商品，當被賦予不同含義的時候，它銷售的價值往往會不同。就像那把木梳，如果僅僅考慮梳頭這一種用途，對和尚而言是沒有價值的，但是換了種方式，情況就截然不同了。

第二部分　個體經濟
27. 價格是如何決定的？

27. 價格是如何決定的？

　　生活中，我們常常到商店去買各種各樣的東西，我們會發現每樣東西都有一個出售價格。那麼，大家是否知道價格是由什麼決定的呢？

　　經濟學家告訴我們，價格是由供求關係共同決定的。供，指的就是商品的供給；求，指的是所有消費者對商品的需求。如果某商品的供應總量下降了，其價格就會上漲；如果消費者對某種商品的需求量上升了，那麼商品價格也會上漲。當供給和需求相等的時候，就產生了商品的價格。下面我們透過一個例子來看看供求關係如何決定價格。

　　越南自從 1980 年代實行經濟改革以來，經濟就一直在快速增長。2010 年以後，越南每年的人均實際產出（人均實際產出可以理解為平均每個人生產產品的數量）年增長率為 65% 以上。然而，儘管越南經濟增長迅速，但是收入不平等的現象卻越來越嚴重，也就是富人越來越富，而窮人卻越來越窮。世界銀行的一份報告指出，越南不平等現象日益加劇，「令人擔憂」。

　　那麼是什麼原因導致越南經濟在飛速發展的同時，一部分人得到了很大的好處，而另一部分人的生活反而更差呢？

　　下面我們就用經濟學中的供求理論來解釋這一現象。我們把工人提供的生產勞動看作是一種商品，就像我們在商店買到

0 公式經濟學
極簡經濟知識無痛學習！

的筆、紙、巧克力等，那麼工人的薪資就相當於這種勞動商品的價格，也就如同我們的商品價格一樣。

大部分貧困人口都是受教育程度較低的非技術工人，由於越南人口增加，市場上非技術工人提供的勞動這種商品的數量增多了；但是，工廠對非技術工人提供的勞動商品的需求卻沒有明顯上升（也就是工廠並不需要更多的非技術工人）。根據前面的知識我們知道，雖然勞動這種商品的數量增長了，但購買勞動（這裡指的是雇傭工人的意思）的廠商卻並未增多，即供給增加而需求不變，所以勞動的價格──薪資自然會下降。於是就出現了上面的結果──越南的經濟在迅速發展，但是窮人的生活水準卻並沒有明顯的改善。

相反，那些收入較高的人，要嘛是老闆，要嘛是技術者，由於經濟發展，社會對這部分人的需求越來越大，但是他們的數量卻沒有太大的變化。就像商品一樣，供給的人少了而需求的人多了，價格就會自然而然地漲上去。於是這部分人的薪資水準提高了，收入就自然上去了。

從這個小故事中我們可以學到，商品的價格其實是由供求雙方共同決定的。我們常常會看到一些商品的價格時上時下，這正是由於商品的供求關係發生了變化。這是一種正常的經濟現象。

第二部分　個體經濟
28. 豐收悖論

28. 豐收悖論

　　豐收在大家的眼中是一件喜事，它意味著收入的增加，意味著國富民強，可是在經濟學中，豐收不一定是件好事，尤其對於農民而言。

　　設想某年大自然對農業格外恩惠，寒冷的冬季凍死了害蟲，適於播種的春天早早到來，夏季豐沛的雨水使禾苗茁壯成長，陽光燦爛的秋季又使農作物易於收割和運輸。年底時，農民一家高高興興地圍坐在火爐旁計算一年的收入。結果卻使他們大吃一驚：少見的好年景和大豐收，收入卻比往年少！

　　這就是經濟學中著名的「豐收悖論」：好年景和大豐收反而降低了農民的收入。豐收悖論的成因何在？

　　經濟學認為造成這種現象的原因是由於這種產品缺乏需求彈性。所謂缺乏需求彈性簡單而言就是當商品價格降低的時候，其消費量並不會有明顯的增加，也就是說市場上對於產品的需求量是有限的。

　　經濟學中的「豐收悖論」在我們日常生活中也可以稱為「穀賤傷農」。農產品的產量上升，但缺乏需求彈性（即價格即使下降很多，需求量也不會顯著增加），所以，農產品的價格大幅度下降，使得農民的收入不增反減。舉個具體例子，比如穀物的產量為 500 斤，價格為 6 元 / 斤，那麼農民的收入為 3000 元。

0 公式經濟學
極簡經濟知識無痛學習！

現在穀物的產量上升為 600 斤，但價格下降為 4 元 / 斤，農民的收入卻變為 2400 元。雖然穀物產量增加了，但農民的收入下降了。這是因為穀物產量上升了 20%[(600-500)/500=20%]，但穀物的價格卻下降了 33%[(6-4)/6 ≈ 33%]，穀物產量上升的幅度小於穀物價格下降幅度，所以使得農民收入下降。

29. 為什麼要反對公司的壟斷行為呢？

比爾蓋茲被譽為世界上最富有的人，他 19 歲的時候就主動離開了世界上最好的大學之一——哈佛大學，創辦了後來聞名於世的微軟公司。

雖然比爾蓋茲在事業上獲得了巨大的成功，但是微軟公司的成長歷程並不是一帆風順的。

1998 年 5 月 18 日，美國司法部經過數月的調查之後，認為微軟公司違反了「反壟斷法」，並因此向法庭提起了訴訟。

所謂的壟斷，指的是市場上只有一家廠商在生產某種產品，而沒有其他廠商與其競爭的局面。我們把這個廠商稱為壟斷廠商。美國司法部之所以認定微軟公司是一家壟斷廠商，是因為微軟公司生產的主要產品——電腦操作系統，在當時幾乎占領了全球市場，因此構成了壟斷行為。我們現在用的電腦的操作系統基本上都是微軟生產的，微軟依舊壟斷著整個電腦操作系統市場。

經過兩年的艱難調查起訴，2000 年 4 月，美國聯邦法官傑克森判定微軟違反了反壟斷法，用「捆綁銷售」作為阻礙競爭的手段來維持微軟的壟斷地位，並裁定微軟公司必須一分為二，結束壟斷局面。雖然後來微軟公司經過再次上訴，推翻原先的判決，繼續保持一個公司的經營模式，但是微軟也為此支

付了高昂的訴訟費用。

然而事情並沒有結束。2004 年，歐洲執委會認定，微軟利用其在個人電腦操作系統領域的主導地位來壓制規模較小的競爭對手，違反了歐盟的反壟斷法規，並對微軟公司開出了 4.97 億歐元的天價罰單，創下了反壟斷處罰之最。這次處罰使得微軟股價大跌，遭受了巨大損失。

為什麼幾乎全世界都反對公司的壟斷行為呢？因為壟斷會限制競爭。如果市場上只有一家企業生產某種產品，公司一定會抬高價格以獲取更多的利潤，這就損害了消費者的利益。比爾蓋茲之所以成為世界首富，最主要的原因就是他的公司是一家壟斷公司。

經濟學家認為，壟斷對整個社會是有危害的，因為它不但會高價銷售產品，損害消費者利益，同時也限制了公平競爭，或者造成了違法受賄等行為。

壟斷是指在一個市場或者一個行業中只有一家企業，這家企業控制了整個市場或者行業的結構。在本文的例子中，微軟被認為是一家壟斷企業，原因就是微軟基本控制了整個電腦操作系統市場。現實中的電力行業、鐵路行業等都是由壟斷企業控制的。壟斷企業往往會對社會產生不利的影響，所以國家和政府往往會對壟斷企業進行干預。

第二部分　個體經濟
30. 為什麼價格會不一樣？──價格歧視

30. 為什麼價格會不一樣？──價格歧視

如果你是一家遊戲公司的總裁，當你的公司推出了一款新遊戲之後，你會如何制定這款遊戲的銷售策略來獲取最大的利潤呢？

下面我們來看一下迪士尼公司的銷售總監們是如何制定銷售策略的。

我們都知道，迪士尼是世界著名的娛樂公司。當迪士尼公司第一次發行《小美人魚》錄影帶時，他們制定的銷售策略是：錄影帶的零售價規定為每卷 20 美元。但是每位消費者在買錄影帶的同時可以得到一張 5 美元的退款單，如果消費者把單子寄回迪士尼公司，公司就會給他寄回 5 美元的退款，相當於買錄影帶只花了 15 美元。

我們不禁會問，為什麼迪士尼公司不直接把價格定為 15 美元，而非得把程序弄得這麼複雜呢？這樣只會增加一些不必要的開支，比如退款的手續費等，結果最後賺的錢還是一樣的。

但是，事實上結果並不一樣。我們假設迪士尼製作錄影帶的成本是每張 14 美元，如果對所有的消費者實行統一的價格，那麼迪士尼公司只能把價格定為 20 美元（因為如果只賣 15 美元的話，公司就賺不到自己想要的利潤）。那麼這時候那些想花錢買錄影帶但是又不願付 20 美元的消費者就買不到產品。比如

0 公式經濟學
極簡經濟知識無痛學習！

一個消費者願意花 16 美元買這錄影帶，雖然這時候公司賣給他的話是賺錢的，但是現在由於定價問題公司卻賺不到這部分錢。

迪士尼公司採用這樣一種聰明的策略，如果那些不願花 20 美元的消費者想買錄影帶，只需要在買過之後把退款單寄回公司，公司會給他退回 5 美元。而對於那些本來就不在乎花 20 美元買錄影帶的人來說，他們可能並不願意花時間把信寄回公司（時間是有價值的，越是有錢人的時間，價值越大），所以公司相當於每卷錄影帶多賺了 5 美元。

迪士尼作為一家壟斷廠商，實行的其實是一種價格歧視的銷售策略，透過這種差別化的定價占領更大的市場，獲得更高額的利潤。

所謂價格歧視，指的是廠商賣同樣一件產品時，對不同的人定不同價格的行為。這種行為在我們生活中很常見，例如：電影票、火車票對學生和非學生的收費是不同的；一般來說越早買飛機票越便宜，越晚買飛機票越貴；買飲料時，第一杯全價，第二杯七折等都屬於價格歧視的行為。

第二部分　個體經濟

31.「波音」和「空中巴士」——寡頭市場

　　世界上存在著一個規模龐大的寡頭市場——民用飛機市場，在這個市場裡有兩個領頭企業：美國的「波音」和歐洲的「空中巴士」，天空中縱橫穿越的客機基本上都產自這兩家公司。中國的客機也不例外，民用客機市場也被「波音」、「空中巴士」兩個企業共同壟斷。到現在，民用客機市場已經成為全球壟斷程度最高的行業之一。統計數據表明，波音公司和空中巴士公司已經將這一市場，特別是幹線飛機領域全部瓜分。飛機價格極其高昂但又不可或缺，可以想像，占據壟斷地位的波音和空中巴士會獲得多麼豐厚的利益。

　　在這裡，這兩個公司叫作「寡頭」，民用飛機市場也就是所謂的「寡頭市場」。

　　寡頭市場，也稱寡頭壟斷，是指某種商品的生產和銷售由少數幾家大企業所控制的市場。其特點是在該行業中廠商數量少並且相互影響，而商品的價格比較穩定，廠商們進出這個行業都不容易。

　　這裡也許有個疑問，為什麼其他的飛機公司不能進入這一市場呢？這兩個公司沒有權力禁止其他公司（包括本國或者外國的公司）進入客機市場，但是，他們卻可以利用自己的強大實力打壓其他公司，從而確保自己的霸主地位。

0 公式經濟學
極簡經濟知識無痛學習！

　　現實中，寡頭壟斷很常見。比如汽車、鋼鐵、造船、石化，以及我們正在談論的飛機製造等行業都是比較典型的寡頭市場。這些行業的突出特點就是「兩大一高」——大規模投入、大規模生產、高科技支撐。這些苛刻的條件使得一般的廠商難以進入。而且，那些已經歷長期發展、具備壟斷地位的大型企業，為了保證對技術的壟斷和豐厚的利益，也勢必要採取種種高壓手段打擊競爭對手，絕不允許任何後來者與自己分享這一市場。這是現實，也是市場競爭的必然。

　　寡頭市場有著長期發展所形成的優勢，也有著明顯的劣勢。總的來說，就經濟效率而言，由於長期以來寡頭企業利潤有著穩定、可靠的保障，加之缺乏競爭者的加入，因此寡頭企業在生產經營上缺乏積極性，這會導致其效率降低。但是從另一方面看，由於寡頭企業規模較大，往往便於大量使用先進技術，所以又有效率較高的一面。鑒於此，許多國家都在試圖「揚長避短」，在保證其高效率的同時，制定相應政策法規抑制其低效的一面（比如，保護與寡頭企業密切關聯的其他中小企業的權利，打擊壟斷等），從而促進寡頭市場的競爭。

　　寡頭是指市場上存在的為數不多的幾家企業，每家企業都很大，每家企業都有很強的市場控制力。「波音」和「空中巴士」是民用客機市場的兩家寡頭，可口可樂和百事可樂是可樂市場的兩家寡頭。當然還有由多家企業形成的寡頭市場。

第二部分 個體經濟
32.「波音」吃掉「麥道」——經濟中的兼併

32.「波音」吃掉「麥道」——經濟中的兼併

1996年,「麥道」在航空製造業排行世界第三,僅次於「波音」和「空中巴士」。該年「波音」以130億美元的巨資兼併「麥道」,使得世界航空製造業由原來「波音」、「麥道」和「空中巴士」三家共同壟斷的局面,變為「波音」和「空中巴士」兩家之間的超級競爭。新的波音公司在資源、研究與開發等方面的實力急遽膨脹,其資產總額達500多億美元,員工總數達20萬人,成為世界上最大的民用和軍用飛機製造企業。這對「空中巴士」構成了極為嚴重的威脅,以至於兩家公司發生了激烈的爭執。在經過艱苦的協商、談判後,波音公司最終被迫放棄了已經和美國幾十家航空公司簽訂的壟斷性供貨合同,以換取歐洲對這一超級兼併的認可。但是不管怎樣,前無古人的空中「巨無霸」由此誕生,並對世界航空業產生了巨大影響。

企業兼併如今已經屢見不鮮。當優勢企業兼併了劣勢企業,後者的資源便可以向前者集中,這樣一來就會提高資源的利用率,優化產業結構,進而顯著擴大企業規模、提高經濟效益和市場競爭力。對於一個國家的經濟而言,企業兼併有利於其調整產業結構,提高資源的利用效率。對兼併的研究,一直是經濟學家的重點課題。

當今世界上,任何一個發達國家在其經濟發展過程中,都

0 公式經濟學
極簡經濟知識無痛學習！

經歷過多次企業兼併的浪潮。美國就曾發生過多次大規模的企業兼併。其中發生於 1820 世紀初的第一次兼併浪潮充分優化了資源配置，不僅使企業走上了騰飛之路，而且基本塑造了美國現代工業的結構雛形。成功的企業兼併要符合這樣幾個基本原則：「合法」、「合理」、「可操作性強」、「產業導向正確」以及「產品具有競爭能力」。同時，企業兼併還要處理好「溝通」環節，包括企業之間技術的溝通，以及人與人的交流。只有這樣，才能使企業兼併發揮它的優勢，否則就會適得其反，在未能達到兼併目的的同時反受其害。有統計表明，全球一半以上的企業兼併行為都沒有達到預期的目標。從表面上看，企業規模是增加了，但卻沒有創造出經濟效益，更有甚者，因為兼併使得企業失去了市場競爭力。

為什麼許多大公司在發展過程中都喜歡兼併呢？其中一個非常重要的原因就是兼併能夠擴大企業的規模，使得企業在競爭中更具壟斷能力，獲得更多的利潤。但兼併可能會讓市場中企業的壟斷能力增強，影響市場的正常競爭，所以全世界對大公司的兼併都是嚴格管控的。

第二部分　個體經濟
33. 可口可樂、百事可樂和七喜 —— 差異化經營

33. 可口可樂、百事可樂和七喜
—— 差異化經營

如今享譽全球的可口可樂，最初是用來治療神經性頭痛的，後來才被定義為飲料，走出藥房，並在行業內形成壟斷性優勢。壟斷經營使得可口可樂公司獲得了巨大利潤。

可口可樂遇到的第一個競爭對手是百事可樂。最初，沒有找到方向的百事可樂一直過得很艱難，曾多次請求可口可樂公司將其收購，但可口可樂公司卻對百事可樂不屑一顧，不願意收購。於是百事可樂把品牌核心價值定位為「新一代的選擇」，並進行全面規劃，從而打破壟斷，成為與可口可樂分庭抗禮的可樂品牌巨頭之一。

可口可樂遇到的第二個競爭對手是七喜。七喜初創時，可口可樂與百事可樂已經足夠強大，七喜完全是一個小角色。面對強大的競爭對手，七喜對美國當時的飲料市場進行了創造性地切割，把自己的產品定義為「非可樂」，以區別兩大可樂公司，並開創出一個全新的產品品類，一躍成為美國第三大飲料品牌。

我們看到，在競爭的過程中，百事可樂採用感性的切割策略，以品牌價值訴求為切割點；七喜採用物理切割策略，以產品屬性和功能特點為切割點。他們都用自己的方法分別使自己

0 公式經濟學
極簡經濟知識無痛學習！

　　的產品有別於競爭對手的產品，透過差異化的經營獲得了忠實於自己的客戶群。同時它們也因差異化經營具有的壟斷優勢，獲得了可觀的利潤。

　　公司之所以不生產與別的公司完全相同的產品，最重要的原因是因為有差異才能形成壟斷的局面。經濟學告訴我們，壟斷經營才能使企業獲得更大的利潤，所以公司才會努力地尋求差異化。同時，在競爭激烈的市場中，差異化經營也是公司能夠生存下去的一種好辦法。我們在生活中看到林林總總的產品，幾乎找不到完全一樣的，不同廠家生產不同功能的運動鞋、不同顏色和款式的衣服等，就是這個道理。

　　產品的差異化是現代企業經營的一種基本手段和方法。所謂的差異化，是指產品的主體功能一樣但輔助功能或屬性不同。比如不同樣式和顏色的衣服就屬於差異化的產品，不同品牌的手機也可以看成是差異化的產品。但水杯和手機就不能稱為差異化的產品，而應該看成是完全不同的產品。

第二部分　個體經濟
34. 英特爾公司和美國超微半導體公司的競爭

34. 英特爾公司和美國超微半導體公司的競爭

　　英特爾公司（Intel）成立於 1968 年，是全球最大的半導體晶片製造商。1971 年，英特爾推出了全球第一個微處理器，這不僅改變了公司的未來，而且對整個工業產生了深遠的影響。微處理器帶來的電腦和網路革命，改變了整個世界。

　　CPU，中文稱為中央處理器，是電腦的核心部件。在 1995 年以前，世界上只有英特爾這一家企業生產這種產品。由於沒有其他企業與其競爭，英特爾公司獲得了巨大的利潤。1995 年，有少數幾家新企業進入了該行業，其中最為著名的是美國超微半導體公司（AMD），它的產品在價格和品質方面具有優勢，很快成為英特爾的重要競爭對手。

　　雖然，英特爾在市場上依然占據著絕對的優勢，佔有市場的大部分比例；但是這個時候有了競爭對手，並且兩家公司沒有在價格方面進行合作，導致了整個市場上 CPU 晶片價格的急遽下降。兩家公司不斷推出新產品並且都在盡力減少生產成本，壓低價格，所以最終使得消費者能買到品質更好、價格更便宜的產品，同時也促進了技術的創新，節約了社會資源。

　　在競爭的壓力下，無論是英特爾公司還是 AMD 公司的利潤都大大下降了，AMD 公司的利潤甚至一度達到負值。在這場競爭中最大的勝利者不是英特爾，也不是 AMD，而是廣大的

0 公式經濟學
極簡經濟知識無痛學習！

消費者。

　　在經濟學中，我們認為競爭市場才是一種有效率的市場。從上面的例子中我們看到，壟斷不僅損害了消費者的利益，同時也造成創新不足以及生產成本過高的現象。只有在競爭的環境下，公司才會更加努力地去減少生產成本、開發新的產品、提高客戶服務品質，才能在競爭中保持活力。

第二部分　個體經濟
35. 狼和獅子的故事——壟斷和競爭

35. 狼和獅子的故事——壟斷和競爭

　　玉皇大帝把兩群羊放在草原上，一群在南，一群在北。玉皇大帝還給羊群找了兩種天敵，一種是獅子，一種是狼。

　　玉皇大帝對羊群說：「如果你們要狼，就給一隻，任它隨意咬你們。如果你們要獅子，就給兩頭，你們可以在兩頭獅子中任選一頭，還可以隨時更換。」南邊那群羊想，獅子比狼凶猛得多，還是要狼吧。於是，它們就要了一隻狼。北邊那群羊想，獅子雖然比狼凶猛得多，但我們有選擇權，還是要獅子吧。於是，它們就要了兩頭獅子。那隻狼進入了南邊的羊群後，就開始吃羊。狼身體小，食量也小，一隻羊夠它吃幾天了。這樣羊群幾天才被追殺一次。北邊那群羊挑選了一頭獅子，另一頭則留在玉皇大帝那裡。這頭獅子進入羊群後，也開始吃羊。獅子不但比狼凶猛，而且食量驚人，每天都要吃一隻羊。羊群天天被追殺，驚恐萬狀。羊群趕緊請玉皇大帝換一頭獅子。不料，玉皇大帝保管的那頭獅子一直沒有吃東西，正飢餓難耐，它撲進羊群，比前面那頭獅子咬得更瘋狂。羊群一天到晚只是逃命，連草都快吃不成了。

　　南邊的羊群慶幸自己選對了天敵，嘲笑北邊的羊群沒有眼光。北邊的羊群非常後悔，向玉皇大帝大倒苦水，要求更換天敵，改要一隻狼。玉皇大帝說：「天敵一旦確定，就不能更改，

83

0 公式經濟學
極簡經濟知識無痛學習！

必須世代相隨，你們唯一的權利是在兩頭獅子中選擇。」北邊的羊群只好不斷更換獅子。可兩頭獅子同樣凶殘，不管換哪一頭，北邊的羊群都比南邊的羊群悲慘得多，它們索性不換了，讓一頭獅子吃得膘肥體壯，另一頭獅子則餓得精瘦。眼看那頭瘦獅子快要餓死了，羊群才請玉皇大帝換一頭。這頭瘦獅子經過長時間的飢餓後，慢慢悟出了一個道理：自己雖然凶猛異常，一百隻羊都不是自己的對手，可是自己的命運是操縱在羊群手裡的。羊群隨時可以把自己送回玉皇大帝那裡，讓自己飽受飢餓的煎熬，甚至有可能餓死。想通這個道理後，瘦獅子就對羊群特別客氣，只吃死羊和病羊。羊群喜出望外，有幾隻小羊提議乾脆固定要瘦獅子，不要那頭肥獅子了。一隻老公羊提醒說：「瘦獅子是怕我們送它回玉皇大帝那裡挨餓，才對我們這麼好。萬一肥獅子沒有了，我們沒有了選擇的餘地，瘦獅子很快就會恢復凶殘的本性。」羊群覺得老羊說得有理，為了不讓另一頭獅子餓死，它們趕緊把它換回來。

原先膘肥體壯的那頭獅子，已經餓得皮包骨頭了，並且也懂得了自己的命運是操縱在羊群手裡的道理。於是，它竟百般討好起羊群來。而那頭被送交給玉皇大帝的獅子，則難過得流下了眼淚。

北邊的羊群在經歷了重重磨難後，終於過上了自由自在的生活。而南邊那群羊的處境卻越來越悲慘了，那隻狼因為沒有

第二部分　個體經濟
35. 狼和獅子的故事——壟斷和競爭

競爭對手,羊群又無法更換它,它就胡作非為,每天都要咬死幾十隻羊。南邊的羊群只能在心中哀嘆:「早知道這樣,還不如要兩頭獅子。」

這個故事反應了壟斷和競爭對市場的影響。壟斷是指某個市場上只有一個賣家或者買家的情形。在本故事中,南邊的狼就相當於壟斷者,由於沒有被換掉的可能性,所以它可以為所欲為;而北邊有兩隻獅子可供選擇,所以獅子之間存在競爭,因此它們誰也不敢為所欲為。這就告訴我們有競爭比沒有競爭要好很多。

> 0 公式經濟學
> 極簡經濟知識無痛學習！

36. 嘉年華的大嗓門

環球嘉年華源於古埃及的慶祝活動，今天已經成為世界上最大的巡迴式移動遊樂場。

然而 2004 年，北京環球嘉年華的「大嗓門」卻讓周圍居民叫苦不迭。嘉年華每天播放的音樂令他們心驚肉跳，夜晚遊客們的尖聲驚叫更讓他們難以入睡。顯然，嘉年華的做法妨礙了周圍居民的生活。

有 38 戶近 200 名經歷了「心驚肉跳」的居民實在無法忍耐嘉年華的噪聲，終於聯合起來，開始同環球嘉年華北京投資有限公司進行談判。

在現代經濟學理論中，嘉年華給周圍居民帶來的這種影響被稱作「外部性」，它表示一個經濟主體的活動對旁觀者的影響。

最先提出這個問題的是 20 世紀英國劍橋大學著名的經濟學家亞瑟．塞西爾．庇古。庇古在 30 歲時成為任劍橋大學政治經濟學教授，不僅創立了福利經濟學，成為一代經濟學大師，而且開創了研究市場失靈問題的先河。

一天，庇古乘火車穿過田間。他發現列車噴出的火花飛濺到麥穗上，給農民造成了損失，但鐵路公司並不用向農民賠償。於是他開始思考，最後將這種市場經濟無力解決的問題稱

第二部分　個體經濟
36. 嘉年華的大嗓門

為「外部性問題」。

「外部性」是指在實際經濟活動中，廠家或者消費者的經濟活動對其他廠家或消費者的非市場性影響。經濟學中的「外部性」有兩種：一種是負外部性，指經濟活動給其他人造成了不好的或者負面的影響。比如，故事中嘉年華的噪聲、汽車排放尾氣等都屬於負外部性。另一種是正外部性，指經濟活動給其他人造成了好的或者正面的影響。比如過年時，我們免費觀看別人放的煙火，就屬於正外部性。

37. 賠償和補償

外部性有好有壞。比如，養蜂人的蜜蜂為蘋果花授粉，而蘋果花用花蜜為蜜蜂提供食物，這是好的外部性；再比如，公園旁的居民能夠獲得免費的「景觀」，這也是好的外部性。好的外部性也叫正外部性。而公路旁的居民不得不承受噪聲和污染，這就是壞的外部性。壞的外部性也叫負外部性。

有時外部性還有些意想不到的好處。1971 年，美國經濟學家史蒂格勒和阿爾奇安同遊日本，他們在高速列車上想起了庇古當年的經歷，於是好奇地詢問列車員，鐵路附近的農田是否受到列車的損害而減產，而列車員的回答著實令他們吃了一驚。恰恰相反，飛速駛過的列車把吃稻穀的飛鳥嚇走了，農民反而受益，鐵路公司也不會向農民收「趕鳥費」。可是，好的外部性問題常常被人們淡忘，人們記住的常常是那些不好的。

在庇古所處的時代，人們只是從習慣的角度出發，認為造成某種損害的一方應受指責，要嘛透過有效手段減少影響，要嘛賠償損失。比如，一工廠排放的煙塵污染了周圍 5 戶居民晾曬的衣服，住戶由此受損。現在有兩個解決方法：

方案一：工廠花 150 元給工廠煙囪安裝除塵器；

方案二：給每戶買 1 台價值 50 元的烘干機，5 戶共需 250 元。在市場的作用下，工廠或居民都會自動採用方案一，因為

第二部分　個體經濟
37. 賠償和補償

這樣最節省。但如果除塵器的價格是 1000 元，那麼工廠就會選擇方案二。

經濟學家們進一步提出，對製造污染要進行適當的「處罰」，比如向這些企業徵收一定的「稅」，人們把這種稅稱為「庇古稅」。

如果經濟中產生了負外部性，那麼製造這種行為的經濟主體就應給受到負面影響的消費者或企業予以賠償。如果經濟中產生了正外部性，那麼受到正面影響的消費者或企業就應該給產生這種正面影響的經濟主體予以補償。

比如，遊樂場的噪音影響了人們的生活，因此居民們提出了賠償的要求。可居住在公路旁的居民也受噪音困擾，但他們大多選擇自己安裝隔音玻璃，很少對「公路」提出索賠。其實，每輛行駛在公路上的汽車才是「公路外部性」的「元凶」，他們應該對居民給予補償。

38. 燈塔的故事——公共財

在一個靠海的漁村裡住了兩三百個人，大部分人都靠出海捕魚為生。港口附近礁石險惡，船隻一不小心就可能觸礁沉沒，人財兩失。村民們都覺得應該修建一座燈塔，好在有霧的夜裡為人們指引方向。如果大家對燈塔的位置、高度、材料、維護都無異議，那麼，剩下的問題就是怎麼樣分攤修建燈塔的費用。

既然燈塔能夠保證漁船的安全，那就根據船隻數量平均分攤好了。可是，船隻有大有小，大船的船員往往比較多，享受到的好處也比較多，所以這樣分攤可能不太合理。有人建議應該看捕魚量，撈得的魚多，收入也多，自然能負擔比較多的費用。所以，依漁獲量來分攤比較好。

但是，以哪一段時間的漁獲量為準呢？要算出漁獲量還得有人秤重和記錄，誰來做呢？而且，不打漁的村民也享受到了美味的海鮮，也應該負擔一部分的成本。所以，依全村人口數平均分攤最公平。然而，如果有人是素食主義者，不吃魚，難道也應該出錢嗎？可是，即使素食主義者自己不吃魚，他的妻子兒女還是會吃魚，所以還是該按全村人口平均分攤。那如果這個素食主義者沒有妻子兒女，怎麼辦？所以還是以船隻數為準比較好，船隻數明確可循，不會有爭議。

第二部分　個體經濟
38. 燈塔的故事——公共財

　　對此,依舊有人反對。因為有的家裡有兩艘船,卻只在白天出海捕魚,傍晚之前就回到港裡,根本用不上燈塔,為什麼要分攤?或者,又有人說:「即使在正常時段出海,入夜之後才回港,但因為是老手,所以海裡哪裡有礁石,早就一清二楚,也就用不上燈塔。」即使大家都(勉強)同意某種方式,可是,由誰來收錢呢?如果有人自告奮勇,或有人眾望所歸出面為大家服務,總算可以把問題解決了吧。

　　可是,如果有人事後賴皮,或有意無意地拖延時日,就是不付錢,怎麼辦?大家是不是願意賦予這個「公僕」糾舉、懲罰等「公權力」呢?

　　燈塔的例子具體而深刻地反應了一個社會在處理「公共財」上面臨的困難。燈塔的光芒有利於大眾,讓過往的船隻均蒙其利,不會因為你不付錢而把你排除在燈塔的光線之外。類似的例子很多,如果要在自己家附近的街道設一盞路燈,錢要由街坊鄰居一起分攤、地點要由大家商量決定,這是一件非常繁瑣且難以處理好的事。

　　燈塔,在經濟學中是典型的「公共財」。公共財是指有非排他性和非競爭性的物品。所謂非排他性是指這種物品一旦被提供出來就很難避免被他人使用。比如,燈塔一旦修建好,大家都能享受到燈塔帶來的好處。所謂的非競爭性,是指當你在使用這一物品時,也不影響他人使用這一物品。當燈塔照亮某艘

0 公式經濟學
極簡經濟知識無痛學習！

船時，其他船隻也會被照亮。比如公共交通、道路等都屬於典型的公共財。

第二部分　個體經濟

39. 濫竽充數——「搭便車」行為

39. 濫竽充數——「搭便車」行為

　　古時候，齊國的國君齊宣王愛好音樂，尤其喜歡聽吹竽，手下有 300 個善於吹竽的樂師。齊宣王喜歡熱鬧，愛擺排場，所以每次聽吹竽的時候，總是叫這 300 個人合奏給他聽。

　　有個南郭先生聽說了齊宣王的這個愛好，覺得是個賺錢的好機會，就跑到齊宣王那裡吹噓，說：「大王啊，我是個有名的樂師，聽過我吹竽的人沒有不被感動的，就是鳥獸聽了也會翩翩起舞，花草聽了也會合著節拍顫動，我願把我的絕技獻給大王。」齊宣王很高興，痛快地收下了他，把他編進那支 300 人的吹竽隊伍中。這以後，南郭先生就隨著那 300 人一塊兒合奏給齊宣王聽，和大家一樣拿優厚的薪水和豐厚的賞賜，心裡得意極了。

　　其實南郭先生撒了個彌天大謊，他壓根兒就不會吹竽。每逢演奏的時候，南郭先生就捧著竽混在隊伍中，人家搖晃身體他也搖晃身體，人家擺頭他也擺頭，臉上裝出一副動情忘我的樣子，看上去和別人一樣吹奏得挺投入，瞧不出什麼破綻。南郭先生就這樣混過了一天又一天，不勞而獲地白拿薪水。

　　可是好景不長，過了幾年，齊宣王死了，他的兒子齊湣（ㄇㄧㄣˇ）王繼承了王位。齊湣王也愛聽吹竽，可是他和齊宣王不一樣，他喜歡聽獨奏。於是齊湣王下了一道命令，要這 300

0 公式經濟學
極簡經濟知識無痛學習！

個人好好練習，做好準備，一個個輪流吹竽給他聽。樂師們都積極練習，想一展身手，而濫竽充數的南郭先生卻急得像熱鍋上的螞蟻，惶惶不可終日。他想來想去，覺得這次再也混不過去了，只好連夜收拾行李逃走了。

濫竽充數的故事是經濟學中「搭便車」行為的真實寫照。「搭便車」最初是指，一些人需要某種公共財，但事先宣稱自己並無需要，在別人付出代價取得後，他們就不勞而獲地享受成果。

「搭便車者」是指想得到某種物品的好處卻不為此付出的人。在這個故事裡，南郭先生就是搭便車者。他沒有付出勞動，而享受了其他樂師的勞動成果。南郭先生之所以能夠成功「搭便車」，就在於齊宣王沒有對樂師進行有效地監督。

像南郭先生這樣不學無術靠蒙騙混飯吃的人，騙得了一時，騙不了一世。假的就是假的，最終逃不過實踐的檢驗。我們想要成功，唯一的辦法就是勤奮學習，只有練就一身過硬的真本領，才能經受得住考驗。

第三部分　整體經濟

　　除了個體經濟學,經濟學中的另外一個重要分支是整體經濟學。整體經濟學研究一個國家或地區整體經濟運行的情況。本單元主要介紹整體經濟學的基本概念和基本原理。

0 公式經濟學
極簡經濟知識無痛學習！

40. GDP——20 世紀最偉大的發明之一

GDP 被美國經濟學家、諾貝爾經濟學獎獲得者薩繆爾森稱為「20 世紀最偉大的發明之一，是觀察經濟發展的衛星雲圖，可以反應經濟的整體運行情況」。

GDP 如此重要，那麼究竟什麼是 GDP 呢？GDP 即國內生產總值，是指一個國家（或地區）在本國領土上，在一定時期內生產的全部產品和勞務的市場價值總和。在經濟學中，GDP 是衡量該國或地區的經濟發展綜合水準通用的指標，這也是目前世界各個國家和地區常採用的衡量經濟的手段。GDP 是整體經濟學中最受關注的經濟統計數字，因為它被認為是衡量國民經濟發展情況最重要的一個指標。

通常判斷一個人在事業及生活當中是否成功，首先要看他的收入水準。因為具有較高收入的人的生活水準一般也較高。同樣的邏輯也適用於一國的整體經濟，判斷一個國家是富裕還是貧窮，通常是考查這個國家的 GDP 總量水準。沒有 GDP 這個總量指標我們無法瞭解一個國家的經濟的總體規模，增長速度是快還是慢，是需要刺激還是需要控制；沒有 GDP 這個總量指標我們無法瞭解一國的經濟增長速度與別國的差距，因此 GDP 就像一把尺、一面鏡子。

GDP 反應的是一個國家總體的產出能力和一個國家的總體

第三部分　整體經濟
40. GDP——20世紀最偉大的發明之一

實力。但對單個居民來說，人均國內生產總值，也稱作「人均GDP」，才是反應居民平均生活水準的重要指標。人均GDP常作為經濟學中衡量經濟發展狀況的指標，是重要的整體經濟指標之一，也是人們瞭解和把握一個國家或地區的整體經濟運行狀況的有效工具。

GDP，英文為Gross Domestic Product，中文翻譯為國內生產總值。它是指一個國家或地區在一個時期內（通常為一年）所生產出來的最終產品的市場價值的總和。它是全世界用來衡量一個國家或地區總的生產能力和經濟能力的最常用的指標。GDP除以人口數量，就得到人均GDP（人均國內生產總值），它是衡量一個國家居民平均收入和平均生活水準的重要指標。

從相關統計數據可以看出，2018年GDP排名前三的國家分別為美國（205103億美元）、中國（134572.67億美元）和日本（50706.26億美元）；2018年人均GDP排名前三的國家為盧森堡（114234美元）、瑞士（82950美元）和挪威（81695美元）。

0 公式經濟學
極簡經濟知識無痛學習！

41. 美國總統賺多少錢？——物價指數

　　1931 年，美國總統胡佛的年薪是 7.5 萬美元；1995 年，美國總統柯林頓的年薪是 20 萬美元。在這近 60 多年裡，美國總統的薪資是增加了，還是減少了呢？

　　如果僅僅從貨幣量來看，美國總統的薪資當然是增加了。但是我們知道，在比較收入時，重要的不是貨幣量是多少，而是這些貨幣能買到多少東西，即貨幣的購買力或貨幣的價值。用貨幣量衡量的薪資是名義薪資，用貨幣的實際購買力衡量的薪資是實際薪資。

　　我們在比較不同年份美國總統的薪資時應該比較實際薪資，而不是名義薪資。

　　當名義薪資既定時，實際薪資是由物價水準決定的。實際薪資等於名義薪資除以物價水準。衡量物價水準的是物價指數。物價指數也叫價格指數，是衡量物價總水準的指標。要比較不同年份美國總統的薪資，首先要知道物價指數是如何計算出來的。

　　我們可以用一個例子來說明物價指數的計算。假設有 4 個麵包，2 瓶礦泉水。2000 年，麵包的價格為 10 元 / 個，礦泉水的價格為 20 元 / 瓶；

　　2001 年，麵包的價格為 20 元 / 個，礦泉水的價格為 30

第三部分　整體經濟
41. 美國總統賺多少錢？——物價指數

元/瓶。

在2000年,這兩種物品的費用(或支出)為:(10元×4)+(20元×2)=80元。在2001年,這兩種物品的費用(或支出)為:(20元×4)+(30元×2)=140元。

以2000年為基年,物價指數為100,即80元/80元×100=100。2001年的物價指數為140元/80元×100=175。

從2000-2001年,物價指數上升了75,與2000年相比,2001年的通貨膨脹率為75%。(如果2001年的物價指數低於2000年,則可以說,與2000年相比,2001年發生了通貨緊縮)

當然,我們用這個簡單的例子只是為了說明計算物價指數的基本方法,實際計算中包括的物品與勞務要多得多,加權數與價格的確定也要複雜得多。消費物價指數反應不同年份居民消費的物品與勞務的物價水準的變動。物品與勞務包括食物、衣服、住房、交通、醫療保健、教育、娛樂等,具體名目及各種物品的加權數由統計機構根據一定的標準選定。

要比較不同年份美國總統的薪資,我們就必須知道這一時期物價指數的變動。根據實際資料,以1992年為基年,消費物價指數為100,則1931年的消費物價指數為87,而1995年的消費物價指數為1076,因此,物價水準上升了12.4倍。我們可以按1995年美元的購買力計算1931年時胡佛總統的薪資:

0 公式經濟學
極簡經濟知識無痛學習！

　　1995 年胡佛的薪資 =1931 年的名義薪資 ×1995 年消費物價指數 ÷1931 年的物價指數 =7.5×107.6÷8.7=92.7586 萬美元。這就是說，胡佛的實際薪資是柯林頓的 46 倍，柯林頓的薪資僅為胡佛的 21%。

　　物價指數有很多種，其中大家聽到最多的就是 CIP。CIP 又叫作居民消費價格指數，是反應一定時期內城鄉居民購買的生活消費品價格和服務項目價格變動趨勢和程度的相對數，是對城市居民消費價格指數和農村居民消費價格指數進行綜合匯總計算的結果。利用居民消費價格指數，可以觀察和分析消費品的零售價格和服務價格變動對城鄉居民實際生活費支出的影響程度。

第三部分　整體經濟
42. 獵狗與失業

42. 獵狗與失業

　　一個獵人養了幾隻獵狗，獵人每天都帶狗去獵兔子，然後拿到集市上去賣。他的獵狗們也很賣力地工作，每天都能捉到幾隻兔子，日子過得很舒服。就這樣過了幾年，問題出現了。兔瘟開始流行，即使兔子的價格降得再低，也還是無人問津，獵人很苦惱，但是為了生活，他不得不另謀出路。獵人想：自己還有獵槍，不如去獵別的動物。經過觀察，獵人發現這一帶的野鴨子很多，而且本地人也很喜歡吃鴨子。於是，獵人就轉而去打野鴨子了。

　　可是，這些獵狗怎麼辦呢？獵人曾試圖讓這些獵狗學會捕捉野鴨，但獵狗們似乎對捕捉野鴨沒有興趣，常常無功而返。養獵狗的開支很大，獵人根本養不起它們。沒辦法，獵人狠狠心，終於決定把獵狗趕出家門，讓他們自謀生路。獵狗們沒有辦法，只能離開獵人的家，自尋職業去了。

　　失業主要是指未被雇傭而又正在主動尋找工作，或正在等待重返工作崗位的狀態。失業率是失業人口占總勞動人口的比率。失業分為三類：摩擦性失業、結構性失業和週期性失業。摩擦性失業由於經濟的調整或資源配置比例失調，使一些人在不同的工作中轉移或等待。結構性失業的原因是勞動力的供給和需求不匹配。如果對一種勞動的需求上升，對另一種勞動的

0 公式經濟學
極簡經濟知識無痛學習！

需求下降，而勞動的供給又未能及時地做出調整，這種不匹配的情況就有可能發生。週期性失業出現在對勞動整體需求比較低的時候。當整體經濟衰退時，失業率在所有領域都明顯上升。

故事中的獵狗因為不能夠適應新的工作對象和工作環境而失業，這屬於結構性失業。

失業是社會經濟中的常見現象，但卻不是個好現象。經濟學家說過，高失業率不僅是經濟問題，也是社會問題。之所以是經濟問題，是因為它浪費有價值的資源。之所以會成為重要的社會問題，是因為它會使失業人員面對收入減少的困境而痛苦掙扎。在高失業率時期，經濟上的貧困令人無法承受，影響著人們的情緒和家庭生活。

失業率是衡量整體經濟表現的一個重要指標，失業率等於失業人口數量除以總的勞動人口數量。

43. 是什麼決定了我們的生活水準？
——勞動生產率

在國際貨幣基金組織（IMF）公布的 2018 年世界各國人均 GDP 排行中，盧森堡以人均 114234 美元排在第 1 位，而處在第 192 位的南蘇丹的人均 GDP 只有 303 美元，僅為盧森堡的 1/377，而中國則以人均 9608 美元排在第 72 位。如果僅從數字來理解的話，我們可以簡單地認為，一名盧森堡居民的收入可以抵得上 377 個南蘇丹居民的收入。為何會產生如此驚人的收入差距呢？

哈佛大學經濟學教授曼昆在《經濟學原理》一書中，對這種國別間收入存在的巨大差距做了總結。他認為一國的生活水準取決於它生產物品與勞務的能力，即我們常說的勞動生產率水準。那麼，我們該如何理解勞動生產率水準呢？

我們可以想像一下，在工業革命之前，農民耕種土地只能靠人力和畜力。在這種情況下，一個農民一年辛辛苦苦的勞作，換來的收入或許僅能解決一家人的溫飽。工業革命之後，人類進入機械化時代，在各種農業機械設備的幫助下，原來由幾百上千人才能管理過來的土地現在也許只需要幾個人，而且辛勞程度也比以前大大降低了。從一個農民只能提供一兩個人吃的糧食到現代社會農業發達國家一個農民可以提供成百上千

0 公式經濟學
極簡經濟知識無痛學習！

人的口糧，這一過程便是勞動生產率提高的過程。

既然勞動生產率如此重要，那麼又是什麼原因導致了各國勞動生產率的巨大差異呢？

新技術的發展與運用對於提高勞動效率的作用是十分巨大的。拿電腦來說，一台普通電腦可以在 1 秒鐘計算加法 20 億次，如果讓人工來算，假設一個人每秒可以計算 1 次，每天 10 個小時，每年 365 天不休息，那麼，讓他計算完 20 億次也得花 150 餘年。可見，新技術的發展與運用在很大程度上提高了我們的勞動生產率。

當然，影響勞動生產率的因素還有很多，如工人素質的高低（勞動熟練程度、受教育程度等），生產過程的組織與管理是否合理，自然資源的多寡，土地的肥沃程度等。

如果社會各個行業的勞動生產率都大幅度提高的話，生活在這個國家的人便可以透過高效率的生產活動來為大家提供足夠多的生活所需的產品和服務，這個國家人民的生活水準自然會提高。

勞動生產率是指勞動者在單位勞動時間（比如 1 個小時）所生產的產品與勞務。比如工人甲 8 個小時共生產了 240 件產品，所以甲的勞動生產率為 30 件 / 小時；而工人乙 8 小時共生產了 320 件產品，所以乙的勞動生產率為 40 件 / 小時。這說明乙的勞動生產率高於甲的勞動生產率。

第三部分　整體經濟

44. 克魯格曼的預言──技術進步與經濟增長

　　1994年，美國經濟學家、2008年諾貝爾經濟學獎得主克魯格曼在美國的《外交》雜誌上撰文，指出東南亞國家經濟的高速增長是沒有牢固基礎的「紙老虎」，遲早要崩損。其原因在於這些國家的經濟增長是由投入（勞動與資本）增加帶動的，缺乏技術進步。此論一出，引起許多人士，尤其是東南亞人士的激烈反對。然而，克魯格曼說對了。1997年，東南亞金融危機的爆發使這個地區的經濟嚴重衰退。沒有技術的進步就沒有持久而穩定的經濟增長。

　　經濟增長是人類社會生存與發展的基礎。自從經濟學產生以來，經濟學家就關注經濟增長問題。經濟學的奠基人亞當斯密研究的國民財富的性質與原因就是增長問題。在這些年的研究中，經濟學家把經濟增長的原因歸為三類：一是制度；二是投入，主要指勞動與資本的增加；三是技術進步。這是現代經濟增長理論所關注的問題，也是經濟增長的中心。

　　經濟增長的一個特點是生產率的提高。亞當斯密把生產率的提高歸因於分工和資本累積，這其中包含了技術進步。但明確把技術進步作為增長的重要因素之一的是美國經濟學家索洛提出的新古典增長模型。

　　美國經濟學家肯德里克等人在此基礎上估算了勞動、資本

0 公式經濟學
極簡經濟知識無痛學習!

和技術進步對增長貢獻的大小。根據這一估算,經濟增長一半以上是由技術進步引起的。技術進步包括知識進展、資源配置改善以及規模經濟等。1980 年代之後出現的新增長理論提出人力資本的增加同樣體現了技術進步。

經濟學家們建立了不同的新經濟增長模型,這些模型從不同角度分析了資本、勞動、技術之間的內在關係,說明了技術進步在經濟增長中的中心地位。這一點已得到公認,並指導各國經濟增長政策的制定。

克魯格曼之所以認為東南亞經濟增長是「紙老虎」,就是因為這種增長來自勞動與資本的大量增加。僅僅依靠投入來增長,增長必然放慢,甚至衰退。克魯格曼指出,東南亞經濟增長中技術進步的作用不明顯,沒有起到應有的中心作用,缺乏技術創新能力。無論在理論還是實踐方面,「技術進步是增長的中心」已無人懷疑。21 世紀將是技術突飛猛進的時代,占領技術制高點才有經濟增長點。

現代經濟增長要依靠技術進步,這一點已成為現代經濟學的共識。就像我們熟知的那句話一樣:「科學技術是第一生產力。」先進的技術可以讓等量的資源發揮更大的作用,可以更好地發揮勞動、資本的效力,使得經濟持續增長。同樣的道理,努力學習,投入更多的學習時間是必要的,但如何更好地利用這些學習時間則更重要。好的學習方法、好的學習規劃就

第三部分　整體經濟
44. 克魯格曼的預言——技術進步與經濟增長

類似於我們前面講的技術，可以讓同樣的學習時間發揮更大的效力。

45. 雲霄飛車與經濟週期

到過遊樂場的人大多坐過雲霄飛車,一會兒猛衝上去,一會兒又狂掉下來,十分刺激。經濟有時也像雲霄飛車,一會兒迅速擴張極其繁榮,一會兒急遽收縮衰退嚴重。經濟學家把經濟中類似雲霄飛車的現象稱為經濟週期。不過,這種雲霄飛車可不好玩。經濟學家追求的不是雲霄飛車式的忽上忽下,而是一種穩定狀態。尋找經濟波動的原因,找出穩定之路,是經濟學家的任務。

經濟週期是經濟中擴張與衰退的交替。這種交替實際上並沒有規律,也難以對其做出準確的預測。經濟活動最高點稱為頂點,是經濟的極盛時期,但這個頂點也是經濟向下的轉折點,經濟由此進入衰退。衰退的最低點稱為谷底,是經濟的最低時期,但這個谷底也是經濟向上的轉折點,經濟由此進入擴張。從一個頂點到另一個頂點(或從一個谷底到另一個谷底)就是一個週期。但每個週期有多長、擴張多長時間、衰退多長時間、什麼時候出現頂點或谷底並沒有規律可循,也難以預測。

自從進入市場經濟,經濟週期就出現了。早在 19 世紀,經濟學家就注意到了這一現象並進行了研究,所提出的理論不下幾十種。第二次世界大戰以後,經濟週期仍然存在,儘管波動程度不像戰前那樣嚴重,但對經濟的不利影響仍不可忽視。所

第三部分　整體經濟
45. 雲霄飛車與經濟週期

以,經濟週期理論在整體經濟學中十分重要。

經濟週期理論有兩大類:一類稱為內生經濟週期理論,認為經濟週期的原因在經濟體系內,是由市場機制調節的不完善性所引起的;另一類稱為外生經濟週期理論,認為經濟週期的原因在經濟體系之外,是由外部衝擊引起的。

各種不同的理論都能解釋一些不同的經濟週期現象,但至今為止並沒有一種公認的、唯一正確的理論。看來各種經濟週期理論是互相補充的,而不是互相排斥的。

經濟週期又稱為經濟波動,是指經濟的基本趨勢上下波動的現象。一個理想化的經濟週期中有低谷,有高峰。

0 公式經濟學
極簡經濟知識無痛學習！

46. 大蕭條

冬天到了，天氣轉冷。一個小孩問媽媽：「天這麼冷，我們為什麼不燒煤取暖呢？」媽媽說：「因為你爸爸失業了，我們沒錢買煤。」

「爸爸為什麼失業？」小孩又問。

「因為煤太多了。」媽媽無奈地說。

這個故事發生在 1929 年的世界性的經濟大蕭條期間，經濟危機對家庭生活造成了很大影響。1929 年 10 月以前，美國經濟持續繁榮，經濟規模增長了 50% 以上，年均工業增長近 4%。當時的媒體和經濟學家們認為美國不會再出現經濟危機，並宣揚起「永久繁榮」的言論。當時的總統甚至向人民公開許諾，要讓美國人「家家鍋裡有兩隻雞，家家有兩輛汽車」。

然而，一些不和諧的經濟數據和現象卻被忽略了。比如，美國農業長期處於不景氣狀態，農村購買力不足。1919 年時，農場主的收入占全部國民收入的 16%，而在 1929 年只占全部國民收入的 8.8%，農場主紛紛破產。此時農民的人均收入只占全國平均收入的 1/3 左右。貧富差距大幅度拉開，社會財富漸漸集中在少數人手中。全美最大的 16 家財閥控制了整個國家國民生產毛額的 53%，全國 1/3 的國民收入被占人口 5% 的最富有者佔有。在經濟一片繁榮的背後，約 60% 的美國家庭還掙扎

第三部分　整體經濟
46. 大蕭條

在溫飽水準上,更為嚴重的是,有 21% 的家庭年收入無法維持基本的生活。此時,發財致富成了人們最大的夢想,投機行為備受青睞,有組織的犯罪活動頻繁發生。一部分人終日沉醉於物質享樂,而精神生活匱乏,社會道德開始淪陷。所有的這一切都在醞釀著一場巨大的經濟危機。這場危機就是我們所謂的「經濟大蕭條」。

這場大蕭條從 1929 年的美國開始,持續到 1933 年,席捲了英國、德國、法國等主要資本主義國家,這也是人類歷史上最嚴重的經濟危機。

1929 年開始的這場經濟危機,對世界經濟和經濟學的發展影響非常大。它告訴我們如果用純粹的市場經濟模式來解釋,當經濟發展到一定階段時,會遇到一個臨界點,這就是 1929 年美國經歷的危機。經濟繁榮的背後很有可能是經濟衰退,而經濟衰退也預示著下一個經濟增長點的到來。該如何應對這些危機呢?凱恩斯的整體經濟學應運而生,為解決經濟危機提出了新的理論思考。

0 公式經濟學
極簡經濟知識無痛學習！

47. 1997 年東南亞金融危機和 2008 年全球經濟危機

1929 年大蕭條後，全世界經濟雖然也有波動，但總體一直向好。可是 1990 年代以來，全世界的經濟卻發生了兩次非常大的衰退，這就是 1997 年的東南亞金融危機和 2008 年的全球經濟危機。

1997 年 7 月 2 日，泰國被迫宣布泰銖與美元脫鉤，實行浮動匯率制度，當日泰銖匯率狂跌。和泰國具有相同經濟問題的菲律賓、印度尼西亞和馬來西亞等國迅速受到泰銖貶值的巨大衝擊。同年 10 月 17 日，繼泰國等東盟國家金融風波之後，台灣的台幣貶值，股市下跌，掀起金融危機第二波，不僅使東南亞金融危機進一步加劇，而且引發了包括美國股市在內的大幅下挫。同年 11 月下旬，韓國匯市、股市輪番下跌，形成金融危機第三波。與此同時，日本金融危機也進一步加劇，先後有數家銀行和證券公司破產或倒閉。從 1998 年 1 月開始，東南亞金融危機的重心又轉移到印度尼西亞，形成金融危機第四波。直到 2 月初，東南亞金融危機惡化的勢頭才被初步遏制。

2008 年的經濟危機實際上始於 2007 年。2007 年美國次級房屋貸款危機初現端倪，後來逐漸演化為美國的金融危機。美國大量銀行倒閉、股市崩盤、美元貶值，美國經濟嚴重下

第三部分　整體經濟
47. 1997 年東南亞金融危機和 2008 年全球經濟危機

滑。接著，美國的金融危機逐漸波及全世界，多個國家的金融系統受到嚴重衝擊，股價大跌、貨幣貶值、銀行破產，其中尤以歐洲受影響最大。之後，全世界的實體經濟受到金融危機的影響，出現了大衰退，全球性的經濟危機產生了。大量企業破產，工人失業，同時歐洲一些國家，比如希臘、愛爾蘭、葡萄牙等出現了主權帳務危機。2008 年開始，世界主要國家意識到問題的嚴重性，採取了很多有力的措施，才使得這場經濟和金融危機沒有再蔓延，並在後續的幾年中逐漸緩解和消除。2008 年的這場危機，被認為是繼 1929 年大蕭條後全世界最嚴重的一次經濟衰退。

1997 年和 2008 年的經濟危機都始於金融危機。經濟和金融密切相關，金融危機很容易演變為經濟危機。為了避免類似情況再次出現，防範金融風險和金融危機也是各個國家金融業發展過程中的重要課題。

金融危機又稱金融風暴，是指一個國家或幾個國家與地區的全部或大部分金融指標（如短期利率、貨幣資產、證券、房地產、土地價格、商業破產數和金融機構倒閉數）的急遽、短暫和超週期的惡化。金融危機爆發的原因是錯綜複雜、多種多樣的。但有一點很明確，一旦金融危機處理不當，就很容易演變成經濟危機。

48. 經濟危機之整體調控

　　1929 年出現了席捲整個世界的經濟危機，經濟學家對此無可奈何，因為這次危機打破了對傳統經濟學的認識。英國在這時出現了一位偉大的經濟學家，叫約翰梅納德凱恩斯（1883-1946 年）。凱恩斯在 1936 年出版了一本書，名字是《就業、利息與貨幣的一般理論》，這就是著名的《一般理論》。這本書的出現是經濟學歷史上的一個重要里程碑。凱恩斯說，那隻「看不見的手」解決不了經濟危機問題，經濟這麼蕭條，股市這麼低迷，失業這麼嚴重，你們沒招，我行。我的這招叫「看得見的手」。

　　所謂「看得見的手」就是國家干預經濟生活。政府沒錢，就發國債，用以拉動經濟，刺激經濟提升。他講過一個「挖坑」的故事：雇兩百人挖坑，再雇兩百人把坑填了，這叫創造就業機會。雇兩百人挖坑時，需要發兩百把鐵鍬，因此，生產鐵鍬的企業開工了，生產鋼鐵的企業也開工了，之後還得發薪資給工人，這時食品等消費也有了。凱恩斯舉這樣一個淺顯的例子，是想說明當一國經濟蕭條的時候，政府是有辦法的，政府應該出來做事，用這隻「看得見的手」，透過發國債、增加政府支出的方式刺激經濟，讓經濟不再蕭條。

　　說到凱恩斯，他有很多傳奇的故事。凱恩斯小時候是個數

第三部分　整體經濟
48. 經濟危機之整體調控

學神童,成績非常好,1902年獲得劍橋大學獎學金,進入劍橋大學國王學院數學系讀書。可是第一學期下來,他沒能考中第一名,這才發現自己並不是什麼神童。他想,既然自己數學不能名列第一,就決定不做數學家。那做什麼好呢?就去當文官吧,可以周遊世界。英國的文官考試非常嚴格,要旁聽很多課,通過考試才能取得文官資格。他有幸旁聽了英國另一位偉大的經濟學家阿爾弗雷德馬歇爾(1842-1924年)的「經濟學原理」課程。馬歇爾是個體經濟學的集大成者。凱恩斯坐在教室後面聽課,同學們沒有注意到他,教授也沒有注意到他,可是當他把考卷交上去之後,馬歇爾教授發現他是個天才。馬歇爾在答卷上這樣寫道:「這是一份非常有說服力的答卷,深信你今後的發展前途絕不止一個經濟學家而已!但如果你能成為偉大的經濟學家,我將深感欣慰。」果然,凱恩斯後來成了偉大的經濟學家,創立了現代整體經濟學。

凱恩斯認為,當經濟不景氣的時候,國家可以加大財政支出,發行公債,刺激經濟,運用整體調控的手段解決經濟問題。他認為供給不會自動創造需求,政府要去刺激需求、拉動經濟,靠「看得見的手」、靠國家干預來解決社會的經濟問題。西方國家的經濟在他的理論指導下開始復甦。美國總統富蘭克林羅斯福採用了他的國家整體調控理論,建立了很多基礎設施,使美國經濟快速走出了大蕭條的陰影。

0 公式經濟學
極簡經濟知識無痛學習！

　　整體調控由經濟學家約翰梅納德凱恩斯所提出，是指政府運用政策、法規、計劃等手段對經濟運行狀態和經濟關係進行調節和干預以保證國民經濟持續、快速、協調、健康地發展。經濟之所以需要整體調控，是由於在現實經濟中，那隻「看不見的手」——市場，有時候不能很好地發揮作用，這就需要用「看得見的手」——政府，進行整體調控了。目前政府整體調控的政策主要有兩類：財政政策和貨幣政策。

第三部分　整體經濟
49. 小布希的減稅——財政政策

49. 小布希的減稅——財政政策

小布希總統運氣不太好，當他費盡九牛二虎之力登上總統之位時，美國經濟進入了衰退期。如何使經濟保持柯林頓時期的繁榮是小布希上台伊始面臨的考驗，這也是小布希提出減稅的背景。減稅如何刺激經濟呢？這就需要我們瞭解財政政策。

財政政策是政府運用支出和稅收來調節經濟的工具。支出與稅收影響總需求，從而成為調節經濟的重要工具。具體來說，政府支出包括政府物品與勞務的購買、政府公共工程的投資和轉移支付。稅收主要是個人所得稅和公司所得稅。政府增加物品與勞務的購買刺激私人投資，政府公共工程投資的增加本身就是投資，政府增加轉移支付就增加了個人可支配收入，從而刺激了消費；政府減少個人所得稅，增加了個人可支配收入，刺激了消費；政府減少公司所得稅則刺激了私人投資。所以，增加政府支出和減稅是擴張性財政政策，相反，減少政府支出和增稅是緊縮性財政政策。小布希的減稅屬於擴張性財政政策。同時，小布希還準備增加國防開支，這既鞏固了美國在世界上的強國地位，又可以刺激經濟，可謂一箭雙雕。在美國歷史上，財政政策的確起過重要作用。1930年代的羅斯福新政就是增加政府支出的例子。當時政府增加公共工程投資（如田納西河治理），對恢復經濟起到了積極作用。第二次世界大戰

0 公式經濟學
極簡經濟知識無痛學習！

後，艾森豪威爾政府投資高速公路建設也有效地防止了戰爭經濟向和平經濟過渡時的經濟衰退。1960 年代甘迺迪和約翰遜政府實行減稅，也促成了當時的經濟繁榮。1980 年代雷根政府的減稅無疑是當時美國經濟復甦的重要原因。相反，在經濟衰退時不採取這類財政政策會加劇經濟衰退。小布希的父親老布希由於在 1991-1992 年的經濟衰退中沒有採取有力的財政措施，在競選中敗給了柯林頓。看來小布希吸取了歷史經驗，也從父親的失敗中得到了教訓，一上台就準備採取減稅的政策。

財政政策具有調節經濟的作用。如果為了有效刺激經濟，既增加支出又減少稅收，就必然增加財政赤字。柯林頓執政時已成功地減少了赤字，如果小布希又使赤字增加，肯定不利。其次，如果沒有貨幣政策的配合，擴張性財政政策就會增加總需求，引起利率上升，利率上升又會抑制私人投資。這種增加政府支出減少私人支出的後果被稱為財政政策的「擠出效應」。擠出效應削弱了擴張性財政政策的作用。另外，國際經濟環境也起到了限製作用。因此，政策的有效性需要時間來檢驗。

財政政策是指政府利用財政收支制度，透過調整稅收、公共支出和轉移支付等手段調節社會供求關係，實現資源合理配置和經濟良好發展的方針、政策和措施的總稱。

第三部分　整體經濟
50. 聯準會的魔術——貨幣政策

50. 聯準會的魔術——貨幣政策

在美國，美國聯邦準備理事會（簡稱聯準會）是美國的中央銀行。聯準會主席在其任期內被認為是僅次於總統的第二號人物。他的一言一行都受到全國和全世界的關注。他知道自己「一言可以興邦，一言可以滅邦」，因此說話特別謹慎。聯準會主席用什麼魔術對經濟產生了這麼大的影響呢？這就需要我們瞭解貨幣政策。

貨幣政策是中央銀行透過調節貨幣量和利率來影響經濟的政策。簡單來說，中央銀行增加貨幣量，降低利率可以刺激經濟，這稱為擴張性貨幣政策。相反，中央銀行減少貨幣量，提高利率可以抑制經濟，這稱為緊縮性貨幣政策。中央銀行在經濟衰退、失業嚴重時採用擴張性貨幣政策；在經濟擴張、通貨膨脹加劇時採用緊縮性貨幣政策。

我們用美國1990年代的情況來說明貨幣政策的作用。柯林頓政府上台時美國經濟處於衰退中，為了刺激經濟，聯準會採用了擴張性貨幣政策，降低利率，增加貨幣量。這種政策有兩個顯著的作用。第一，增加了投資。在總需求中，投資是最重要的。降息減少了企業投資籌資的成本，企業願意投資。以知識為基礎的新經濟帶動了電子、資訊、生物工程等新興行業的大量投資。降息鼓勵了投資。這些部門迅速發展，帶動了美國

0 公式經濟學
極簡經濟知識無痛學習！

經濟的發展。第二，降息提高了股票價格。在經濟中，利率與股價反方向變動。當利率下降時，人們把資金用於購買股票，股價上升。由於聯準會降息，股價一路上升，道瓊斯工業平均指數突破 1 萬點大關。股市的活躍進一步鼓勵了投資。同時，美國許多人擁有股票，股價上升使他們的資產增加，這就加強了消費者的信心，刺激了消費增加。聯準會的降息魔術對經濟的刺激作用不可低估。

當 1990 年代末，美國經濟有過熱的跡象時，聯準會又提高利率，防止可能出現的通貨膨脹加劇。進入 21 世紀後，美國經濟有衰退的跡象，聯準會又降息，聯準會正是交替運用擴張性和緊縮性貨幣政策來調節經濟，使經濟處於低通貨膨脹的持續增長中。這一政策總體上是成功的。

貨幣政策是一種間接的手段，從運用政策工具到影響各種利率，再到真正影響經濟有一個過程。根據經濟學家的研究，從開始採取貨幣政策到這種政策完全發生作用，需要 6~9 個月的時間，這種作用大約會持續兩年。貨幣政策並不是立竿見影的，這就要求中央銀行正確地預測未來的經濟趨勢，及時採用相應的貨幣政策。比如，如果預測經濟在今後某一段時間會出現衰退，就要提前採用擴張性經濟政策。如果經濟衰退已經發生，再採用貨幣政策就來不及了。聯準會有一大批專家密切關注美國經濟的動向，進行經濟預測。這是聯準會的貨幣政策能

第三部分　整體經濟
50. 聯準會的魔術——貨幣政策

起到積極作用的基礎。

　　貨幣政策是指一個國家為了實現特定的經濟目標而採取的各種控制和調節貨幣供給量的方針、政策和措施的總稱。貨幣政策的主要制定者是各國的中央銀行。大家在媒體中聽到的降準降息、量化寬鬆等都是具體實施貨幣政策的方法。

51.「國會保姆經濟」的故事
──通貨膨脹與通貨緊縮

　　美國國會有一幫議員，為解決照看小孩的困難，以家庭為單位組成了一個互助俱樂部。該俱樂部製作了一種專用票券，分發給每位成員。誰要有事外出，就把小孩託付給其他人照看，同時向對方支付一定的票券，而拿到票券的人，又可以在下次以同樣的方式使用。在俱樂部裡，因為各個家庭彼此信任，又確實存在調劑服務的需要，所以保姆票券給大家帶來了方便，一直運作良好。直到某一天，有人準備外出度假，開始積蓄票券，問題就出現了。積蓄票券的人，為了將來度假時有大把票券可用，在努力向他人提供服務的同時，盡量保證自己的票券不外流。如果這樣做的人不多，影響便不會太大，一旦大家都這樣做，就會產生比較明顯的影響，會使得其他人覺得自己手上的票券吃緊。這時候，如果大家都害怕自己的票券不夠用，就會刻意減少外出，賺取票券的機會就會減少；而當票券不好賺時，大家又會特別珍惜手頭的票券，更加不願外出如此互相影響，形成惡性循環，到最後造成嚴重後果，互助俱樂部的活動被迫中止，「保姆經濟」全面蕭條。

　　從這個事例中可以看出，一個制度和要素都非常健全的經濟體系，僅僅因為缺乏足夠的交易媒質，就出現了事與願違的

第三部分　整體經濟
51.「國會保姆經濟」的故事——通貨膨脹與通貨緊縮

困境。商業興衰可能與實體經濟的強弱無關，好的經濟也可能出現衰退的問題。而解決的辦法，按照經濟學家的意見就是增加票券的供給。結果是戲劇性的，票券累積得越多的人，越願意外出。於是，保姆券越來越多，願意外出的人也越來越多，俱樂部重新開了張。

在「保姆經濟」的故事中，有人儲藏票券造成票源緊張，類似於經濟學中通貨緊縮的現象。由於通貨緊縮的出現，交易活動受到阻礙，價格水準下降，同時影響社會產出，此時，如果增加貨幣供應，確實能解決問題。不過，增發貨幣解決的是交易媒質不足的問題，而不能解決社會實際需求不足的問題。如果增發貨幣過量且方法不當，會造成價格信號紊亂和資源異常流動，破壞經濟秩序，變成有害的通貨膨脹。要避免通貨緊縮，就要讓貨幣增長，貨幣增長有可能擾亂經濟秩序，所以貨幣增長應該保持一個穩定的比率。以美、英兩國為首的各發達工業國，大多公開奉行穩定增長的貨幣政策。當然，貨幣增長速度與經濟增長同步，通貨膨脹為零是最好不過的，但這基本上是可遇不可求的事情。

通貨膨脹是指在紙幣流通條件下，由於貨幣供應量過多，使有支付能力的貨幣購買力超過商品可供量，從而引起貨幣不斷貶值和一般物價水準持續上漲的經濟現象。通貨緊縮通常被定義為價格水準普遍地、持續地下降，同時貨幣供應量和經濟

0 公式經濟學
極簡經濟知識無痛學習！

增長率也會持續下降的經濟現象。

我們舉一個例子來說明什麼是通貨膨脹。比如在某一年中，經濟生產出 100 個單位的產品，經濟中擁有的貨幣量為 100 元，那麼每一個物品的價格為 1 元 / 單位；如果現在經濟的產出沒變，但經濟中擁有的貨幣量為 200 個單位，則每一個物品的價格為 2 元 / 單位，價格水準就由 1 元 / 單位上漲為 2 元 / 單位，此時就出現了通貨膨脹的現象。

52. 匯率變動如何影響我們？
——以新台幣升值為例

現在，全世界聯繫得越來越緊密，各國貿易和各種交往越來越多，每年有很多人出國旅遊，也有很多外國人來玩。我們出國旅遊時，需要把自己的貨幣，換成旅遊目的國的貨幣，才能在當地消費。兌換當地貨幣，並不是1：1的兌換，這裡有個兌換比率——匯率。當台幣變得越來越值錢，即能夠兌換到更多美元時，我們就稱新台幣升值。反之，稱為貶值。幣值的變化給我們的經濟生活帶來的影響是深遠的。

升值後，從短期來看，老百姓口袋裡的錢將更「值錢」，出國旅遊、購買外國物品等都會更加便宜。但是對持有美元資產的家庭和企業來說，這些資產會逐漸縮水。例如人民幣升值降低了出國留學的學費和生活費。假設到美國留學每年的學費和生活費為2萬美元，那麼按照美元對新台幣1：31的匯率來計算大概需要62萬元台幣；而假設美元對新台幣的匯率升至1：30，那就只需要台幣60萬元，每年可以為家庭節省2萬元。

台幣升值還將直接改變台灣產品和國外產品的相對競爭優勢以及外債成本，也就是說如果台幣升值會使台幣相對於外國貨幣變得更加值錢了，即外國商品變得相對便宜了，則進口企業花同樣的錢就可以換回更多的商品；而本國產品變得相對昂

0 公式經濟學
極簡經濟知識無痛學習！

貴了,則出口企業出口同樣的商品就可以換回更多的外匯。而對於擁有外債的個人或企業,台幣升值則會使他們擁有的外債用台幣衡量時相對減少,從而產生財富再分配,使他們受益。

匯率是指是指兩種貨幣之間的兌換比率,也可以看作是一個國家的貨幣對另外一個國家貨幣的價值。匯率的標價方法有兩種,一種是直接標價法,它是以1單位(或100單位)外國貨幣兌換為多少本國貨幣來表示的。另一種就是間接標價法,它是以1單位(或100單位)本國貨幣兌換為多少外國貨幣來表示的。

第三部分　整體經濟
53. 歐元的誕生改變了什麼？

53. 歐元的誕生改變了什麼？

在 2002 年以前，大部分歐洲人都很煩惱，那就是他們可能今天到歐洲的這個國家，明天又到歐洲的那個國家，每次到一個新的國家，都要兌換當地的貨幣：德國的馬克、法國的法郎、義大利的里拉、荷蘭的荷蘭盾、西班牙的比塞塔等。這種兌換非常繁瑣，浪費了大量的人力、財力和物力。為了解決這一問題，也為了更好地促進歐洲國家之間的相互交流和共同發展，透過多年努力，2002 年 1 月 1 日，歐洲單一貨幣——歐元正式進入流通。現在的歐洲，各國之間無邊防，不需要辦理什麼手續，加之貨幣統一，不但方便了歐洲人，也方便了各國遊客。歐元不僅僅使歐洲市場得以完善，使歐元區國家間自由貿易更加方便，而且更是歐盟一體化進程的重要組成部分。

歐元票面值越大，紙幣面積越大。所有面值的紙幣正面圖案的主要組成部分是門和窗，象徵著合作和坦誠精神。12 顆星圍成一個圓圈，象徵歐盟各國和諧地生活在歐洲。紙幣的背面是橋梁的圖案，象徵歐洲各國聯繫緊密。各種門、窗、橋梁圖案分別具有歐洲不同時期的建築風格，幣值從小到大依次為古典派、浪漫派、歌德式、文藝復興式、巴洛克式和洛可可式、鐵式和玻璃式、現代派，顏色分別為灰色、紅色、藍色、橘色、綠色、黃褐色、淡紫色。歐元區內各國印製的歐元紙幣，

正面、背面圖案均相同，紙幣上沒有任何國家標示。硬幣有 1 分、2 分、5 分、10 分、20 分、50 分、1 元、2 元 8 種面值。歐元區 19 個國家的硬幣只有一面圖案相同，另一面不相同。

歐元的誕生和流通都要歸功於區域經濟一體化。經濟區域化是指在一定的區域範圍內，地理相鄰的國家建立經貿合作組織，透過契約或協定，促使資本、技術、勞動、資訊、勞務和商品的自由流動和有效配置，維護共同的經濟利益的動態過程，同時也是國家間在經濟上進行不同程度的聯合或合作，在特定領域內實現跨國性的統一過程。歐盟當之無愧是當今世界上一體化程度最高的區域政治、經濟集團組織，從區域化合作開始到一體化進程，開啓和引領了世界區域經濟一體化的浪潮，也是當今全世界各種區域經濟一體化組織中最成功的典範，在全球事務中的影響與日俱增。

歐元不僅促進了歐洲經濟的融合，還促進了歐洲社會文化的融合。各國間的文化相互滲透，給歐洲人生活在同一「屋頂下」和「新歐洲」命運共同體的感覺。歐元自然而然地成為推進歐洲一體化的新動力。

歐元（Euro）是歐元區 19 國共同使用的統一貨幣。1999 年 1 月 1 日，使用歐元的歐盟國家實行統一的貨幣政策；2002 年 7 月，歐元成為歐元區唯一合法貨幣，原來每個國家自己的貨幣完全退出流通。這 19 個歐元區國家為德國、法國、義大

第三部分　整體經濟
53. 歐元的誕生改變了什麼？

利、荷蘭、比利時、盧森堡、愛爾蘭、西班牙、葡萄牙、奧地利、芬蘭、立陶宛、拉脫維亞、愛沙尼亞、斯洛伐克、斯洛維尼亞、希臘、馬爾他和賽普勒斯。

0 公式經濟學
極簡經濟知識無痛學習！

54. 貿易保護主義對一個國家是否利好？

　　國際貿易就是各國的商品交換。為什麼各國不能「自給自足」而必須參與國際貿易呢？因為各國在商品交換中可以獲得更大的利益。早在 1817 年，經濟學家李嘉圖就在他出版的著作《政治經濟學及賦稅原理》中提出了比較優勢理論來解釋自由國際貿易的好處。他提出，如果一國生產一種產品的機會成本比另一國低，該國在這種產品的生產上就有比較優勢。之後的經濟學家繼承了李嘉圖比較優勢的思想，並用機會成本來解釋比較優勢。任何一個國家無論生產率（絕對優勢）如何，一定有自己的比較優勢，因此，各國之間的交易就是雙贏的。這種以比較優勢為基礎的國際貿易理論一直是自由貿易理論的中心，也是自由貿易政策的基礎。

　　然而，當今世界許多國家為了保護本國的產業，都或多或少地實行貿易保護主義。下面我們透過一個例子來看看貿易保護主義是否能夠保護一國的利益。

　　1984 年，巴西通過一項法令禁止進口大部分外國電腦來保護本國的電腦產業。該法令得到了嚴格的執行，專門的「電腦警察」在公司的辦公室和學校的教室中搜查非法進口的電腦。

　　這樣做的確很難使外國的電腦進入巴西市場，巴西政府似乎達到了保護本國電腦產業的目的，但是結果卻是令人震驚

第三部分　整體經濟
54. 貿易保護主義對一個國家是否利好？

的。巴西生產的電腦在技術上非常落後，而消費者卻要支付 2-3 倍於世界市場的價格來購買本國生產的低劣的電腦。根據一項統計，這項法令使巴西消費者每年多支付約 9 億美元來消費本國電腦。同時，由於巴西的電腦價格太高，在國際市場上沒有競爭力，所以巴西的電腦公司不能透過向其他國家出售產品而獲得規模經濟效益。電腦的高價也損害了國民經濟其他部門的競爭力。1990 年，巴西經濟部長說：「由於這一不理智的國家主義，我們變得更加落後，電腦產業的問題嚴重阻礙了巴西工業的現代化。」

來自巴西消費者和企業界的壓力以及美國對外開放市場的要求，迫使巴西在 1992 年廢除了電腦進口禁止令。在不到一年的時間裡，聖保羅和里約熱內盧的電器商店裡便擺滿了進口的筆記本電腦、雷射印表機和行動電話，巴西的公司開始從電腦革命中獲益。

可見，貿易保護不一定都是好的。

正如曼昆在其著名的經濟學教材《經濟學原理》中指出的那樣：

「貿易可以使每個人的狀況變得更好。」經濟學中的比較優勢理論說明，如果每個國家都生產自己有優勢的產品，最後透過互相交換得到本國不擅長生產的產品，這對於世界人民來說是一件好事。

> 0 公式經濟學
> 極簡經濟知識無痛學習！

55. 馬太效應

《聖經新約》的《馬太福音》第二十五章中寫道：「凡有的，還要加給他叫他多餘；沒有的，連他所有的也要奪過來。」它講述的是這樣一個故事：

一個國王遠行前，交給三個僕人每人一錠銀子，吩咐道：「你們去做生意，等我回來時，再來見我。」

國王回來時，第一個僕人說：「主人，你交給我的 1 錠銀子，我已賺了 10 錠。」於是，國王獎勵他 10 座城邑。

第二個僕人報告：「主人，你給我的一錠銀子，我已賺了 5 錠。」於是，國王獎勵他 5 座城邑。

第三僕人報告說：「主人，你給 我的 1 錠銀子，我一直包在手帕裡，怕丟失，一直沒有拿出來。」

於是，國王命令將第三個僕人的 1 錠銀子賞給第一個僕人，說：「凡是少的，就連他所有的，也要奪過來。凡是多的，還要給他，叫他多多益善。」

故事的寓意非常明確，就是讓富有的更富有，讓貧窮的更貧窮。

馬太效應是由美國科學史研究者羅伯特莫頓在 1973 年正式提出的。他發現：「對已有相當聲譽的科學家做出的科學貢獻給予的榮譽越來越多，而對那些未出名的科學家則不承認他們的

第三部分　整體經濟
55. 馬太效應

成績。」莫頓用這句話概括了當今社會中存在的一個普遍現象：強者愈強，弱者愈弱。這個現象在社會心理學、教育、經濟、金融等領域廣泛出現。在經濟學中，馬太效應反應的社會現象呈兩極分化，富的更富，窮的更窮。在現代社會中，我們看到地價越拍越高，房子越漲越搶，越搶越漲。在股市狂潮中，賺錢的總是莊家，賠錢的總是散戶。有錢人利用自身優勢，變得越來越有錢，而窮人卻越來越窮。所以，如果不加以調節，普通大眾的金錢，就會透過某種形式聚集到少數人群手中，進一步加劇貧富分化。這就是經濟學中講的「馬太效應」。當貧富分化太嚴重時，就需要國家採取相應的措施進行糾正，這也是現代國家的一個重要職能：維護社會公平。

馬太效應對於領先者來說就是一種優勢的累積，當你已經取得一定成功後，就更容易取得更大的成功。物競天擇，適者生存，強者隨著優勢的累積，將有更多的機會取得更大的成功和進步。所以，如果你不想在所在領域被打敗的話，就要成為這一領域的領頭羊，並且不斷地擴大優勢。這是馬太效應積極的方面。但它消極的方面就是很多人認為現代社會是一個「贏者通吃」的社會，強者總會更強，弱者反而更弱，非常不公平。

馬太效應是指任何個體、群體或地區，一旦在某一個方面（如金錢、名譽、地位等）獲得成功和進步，就會產生一種累積優勢，就會有更多的機會取得更大的成功和進步。社會各個層

0公式經濟學
極簡經濟知識無痛學習！

面都會出現馬太效應。在經濟學中，馬太效應指資源不斷向優勢方集中，出現強者恆強，弱者恆弱的不公平現象。

第四部分　貨幣與金融

現代經濟大量使用貨幣，那什麼是貨幣呢？貨幣的產生也促使了金融行業的出現。本單元主要介紹貨幣的基本概念以及金融的相關知識。

0 公式經濟學
極簡經濟知識無痛學習！

56. 什麼是貨幣？

  在我們的生活中，似乎永遠離不開一個話題，那就是錢。對於我們的衣食住行來說，沒有錢是根本無法想像的。去服裝店買衣服需要付錢，晚上坐在餐桌前吃的每一口飯菜都是用錢買來的，乘公車車去上學需要投幣，居住的房子也是用錢買的。我們生活在這個世界上，幾乎無時無刻不在跟錢打交道。

  錢，或者說貨幣既然這麼重要，那它是怎樣產生的呢？

  最初，我們的祖先是不用貨幣的。早期人類要想得到自己想要的東西，必須用自己所擁有的東西跟他人交換。假設你是一個獵人，很喜歡喝茶，而張三那裡有很多茶葉，你帶上自己的獵物，比如一只鹿，去跟張三換茶葉。可張三告訴你，他那裡已經有鹿了，而他希望拿茶葉換一把斧頭。這時，你突然想起李四那裡有很多斧頭，於是你興衝衝地跑去找李四，正好李四想吃鹿肉，於是你們成交了，你用一頭鹿換了一把你並不需要的斧頭。你再拿著斧頭去找張三換茶葉，不巧的是，在你去找李四換斧頭的時候，王二麻子已經搶在你前面，用一把斧頭換走了張三的茶葉。於是，你拿著一把你並不需要的斧頭回家了。

  在沒有貨幣的年代，人們之間想要進行交易是很難的。後來，我們的祖先找到了幾種東西作為交易的仲介，例如貝殼，

第四部分　貨幣與金融
56. 什麼是貨幣？

牛羊等，這些就是最早的貨幣。但這些東西要嘛價值太小，要嘛體積太大，用來做交易實在很不方便。例如以牛羊作為貨幣，當你想買東西時就趕上一群牛羊。如果你想買一包茶葉，但一隻羊可以換四包茶葉，這時交易就難以進行了，畢竟，你不能把羊切下一塊來支付吧。

牛羊等作為貨幣存在的缺點使人們不得不重新考慮用一種新的東西來代替。從商朝開始，人們用銅鑄造成銅幣在市場中流通。在我們國家銅幣一直使用了上千年，直到清朝末年還在流通。但隨著生產力的發展，交易量不斷增加，銅幣作為貨幣的缺點就暴露了出來。畢竟銅幣的價值太低，一筆大的交易需要大量的銅幣。於是人們便繼續尋找一種價值更大、體積更小、更容易切割且不易損壞的金屬來作為貨幣，而黃金恰恰具備了這些屬性。於是，人類進入了「黃金本位時代」，即以黃金作為本幣的貨幣制度。在黃金本位制下，每單位的貨幣價值等同於若干重量的黃金（即貨幣含金量）。黃金本位制的建立極大地促進了貿易的發展，為國際貿易的發展提供了便利。

然而世界上的黃金數量畢竟太少，迅速發展的經濟與黃金的有限供給之間便產生了矛盾，於是，法定貨幣便順勢推出了。現在，你我手中所持有的貨幣都不能用來向銀行換取黃金。現在的貨幣是國家依靠法律強制人們接受的一種貨幣，本身並沒有什麼價值，但卻可以作為支付手段像黃金一樣用來購

0 公式經濟學
極簡經濟知識無痛學習！

買東西，這就是法定貨幣。

而今，很多交易都不再使用現金了，而是透過電子貨幣進行支付。常見的銀行卡就是其中一種，只需要刷卡，就能完成交易。貨幣形態經歷了從有形到無形這一重大轉變，貨幣形態的不斷發展使我們的交易變得越來越方便。

貨幣的演進其實是嚴格遵循經濟學規律的，新貨幣的出現減少了交易成本，即貨幣使用不便造成的各種成本，貨幣未來的發展方向也將會遵循這樣的規律。

在經濟學中，貨幣是指能充當交易媒介（或者說支付手段），具有價格尺度（或者說度量價格）、價值儲藏等功能的金融資產。貨幣的形式不斷演變，從最早的貝殼、牛羊，到後來的貴金屬，比如金、銀，再到現在的紙幣和電子貨幣。未來貨幣會呈現什麼樣子，我們現在還不得而知。

第四部分　貨幣與金融

57. 格雷欣現象——劣幣驅逐良幣

57. 格雷欣現象——劣幣驅逐良幣

　　貨幣的出現極大地方便了人們的交易，也促進了經濟和社會的發展。我們知道很長時間裡，人們都是用黃金作為貨幣來進行交易的。在這個過程中，出現了一個非常有趣的現象，經濟學中稱為「格雷欣現象」，即通常所說的「劣幣驅逐良幣」的現象。接下來我們看看它是怎麼發生的。

　　假如用黃金作為貨幣，一個純金金幣可以購買一隻羊。隨著經濟的發展和交易量的增多，金幣不夠了，於是政府就鑄造了新的金幣，方便流通和交易。但是新鑄的金幣卻不是純金幣，它含有一定量的銅。雖然含銅金幣也可以買到羊，但是這種含銅金幣的價值實際上是低於原來的純金幣的。於是，慢慢地，大家就把價值高的純金幣保留起來，不用於交易，而把價值較低的含銅金幣用於交易。最後，純金幣逐漸退出市場，市場中充斥的都是含銅的金幣，於是出現了劣幣（含銅金幣）驅逐良幣（純金幣）的現象。這一現象最早由英國的財政大臣格雷欣所發現，所以把這一現象稱為「格雷欣現象」或「格雷欣法則」。當然「劣幣驅逐良幣」現象的出現，使得現實中貨幣量減少，貨幣品質變差，對市場交易和經濟活動都產生了非常不利的影響。

　　「劣幣驅逐良幣」現象在現實生活中也經常可見。比如，在

0 公式經濟學
極簡經濟知識無痛學習！

一個公車站內有兩種人，一種是守規矩排隊的，另一種是不守規矩插隊的。公車車來了，插隊的人衝在前面擠上了公車車，而排隊的人沒擠上車，只能繼續等待。過了一會兒，又來了一輛公車車，情況依然如此，插隊的人擠上了車，排隊的還在等待。等第三輛公車車進站時，誰還會去排隊呢？幾乎沒有人！最後大家都不排隊，都去擠車，社會秩序變差。這就是一個非常典型的劣幣（插隊的人）驅除良幣（排隊的人）的現象。

格雷欣法則，指的是劣幣驅逐良幣的現象，是當一個國家同時流通兩種實際價值不同的貨幣時，實際價值高的貨幣（良幣）會被保留和收藏而退出流通領域，而實際價值低的貨幣（劣幣）反而充斥市場的現象。

第四部分　貨幣與金融
58. 中央銀行──銀行的銀行

58. 中央銀行──銀行的銀行

　　中央銀行是一國最高的貨幣金融管理機構，在各國金融體系中居於主導地位。中央銀行到底是怎麼產生的呢？它到底能起到什麼作用呢？我們透過下面的例子就可以瞭解中央銀行的產生、演變和職能。

　　假設一個島上有很多居民，與世隔絕，人們透過生產和交換彼此的物品來生活。但有時候手裡用來交換的東西不一定就是對方想要的，怎麼辦？於是人們就用大家都喜歡的金銀作為交換的仲介，於是交換方便了。但金銀要磨損，攜帶也不方便，當交換活動頻繁時，還會限制交易活動。為了解決這個問題，大家想了一個辦法，由島上的管理者發行一種符號來代替金銀。於是鈔票出現了。

　　剛開始這種鈔票可以隨時兌換金銀，大家都很放心，因為鈔票就是金銀。可是島上金銀的產量太小，當人們的交換活動更加頻繁時，鈔票不夠用了，於是只能暫停交換。暫停交換的後果就是大家不再進行生產了，因為即使生產出來，但由於缺乏貨幣，也交換不出去。套用現在的話就是經濟發展減速、停滯了。

　　於是大家想了一個辦法，成立一家錢莊，這個錢莊是大家的，由錢莊來發行鈔票，印出的鈔票借給需要用錢的人，等這

0 公式經濟學
極簡經濟知識無痛學習！

個人有錢了再還給錢莊。於是銀行就出現了。

銀行的出現，能保證交換活動持續進行。大家都拼命地生產，島上的東西越來越多，銀行根據產品的生產數量，不停地印製鈔票，以保證交換能更深入地進行。

後來人們的交換活動更加頻繁，一家錢莊太少了，於是出現了更多的錢莊。但總要有個管錢莊的吧，於是指定一家錢莊管理其他錢莊，並且只能由這家錢莊印製和發行鈔票。那麼印製發行鈔票並管理其他錢莊的錢莊就是我們現在所說的中央銀行。

中央銀行是一家特殊的金融機構，是貨幣經濟發展的產物，是國家管理經濟的職能部門。它承擔發行貨幣、發展經濟、制定執行金融政策的責任，是國家機構的重要組成部分。它的領導人由國家任命，是具有一定特權的特殊法人。它的運作不以營利為目的，存款不付息、為政府服務不收費、資產流動性大，並且能夠控制信用、調節貨幣流通。

中央銀行是「發行的銀行」，它發行貨幣，對調節貨幣供應量、穩定幣值有重要作用。

中央銀行是「銀行的銀行」，它集中保管銀行的準備金，並對它們發放貸款，充當「最後的放款者」。

中央銀行是「國家的銀行」，它不以營利為目的，它管理國庫，同時還承擔著發展經濟等國家賦予的其他任務。

第四部分　貨幣與金融
59. 商業銀行

59. 商業銀行

我們身邊有許多銀行,我們把這些除了中央銀行之外的銀行稱為商業銀行,因為它們都是以營利為目的的。

那麼,大家有沒有想過,銀行到底有什麼作用?為什麼會有這麼多的商業銀行?下面我們用一個小事例來說明。

假設在某個島上住著很多的村民,剛開始的時候,大家過的都是自給自足的生活,互相之間都不需要借錢。但是有一天,村民甲突然發現了一種新的生產方式,能夠大大提高生產的速度,但是用新方法生產需要其他人的配合,同時還需要更多的資金。這個時候村民甲就只能向其他人去借錢來買工具和雇傭人手。但是這個島嶼很大,大家住得都比較遠,互相之間都不太瞭解,這種情況在經濟學中稱為「資訊不對稱」。在資訊不對稱的情況下,甲想要借到足夠的錢是很難的,因為沒有人願意借錢給一個不認識的人。

而這個時候,乙發現了這個問題,並且認為如果由一個人來專門從事這種仲介活動,即一方面從大家手裡籌集資金,另一方面把資金貸給那些需要的人,對每個人都是有益的。因為這個專門的負責人比普通村民更瞭解那些需要借錢來開發項目的人,所以村民們可以放心把錢借給這個仲介者並且還能獲得利息。而同時,貸款者也能夠獲得足夠的資金來開發項目。於

0 公式經濟學
極簡經濟知識無痛學習！

是，乙就成立了一家機構專門從事存款和貸款等業務，這家機構就是商業銀行的雛形。

隨著經濟的發展，大家還發現假如 A 向 B 借了 5 萬塊錢，而 A、B 在銀行都有存款的情況下，只要 A 向銀行要求把 5 萬塊錢從他的帳戶劃到 B 的帳戶，他們之間的帳款就可以結清了，而不需要 A 拿著 5 萬塊錢親自跑到 B 處去還。

以上就是商業銀行的兩大功能：信用仲介功能和支付仲介功能。當然商業銀行還有許多其他的功能，如果大家有興趣可以看看相關的介紹。

商業銀行具有很多優越的職能。經濟越發達，這種金融機構也會越來越發達，會給社會帶來更大的好處。

商業銀行是指透過吸收存款、發放貸款等業務，充當信用仲介和支付仲介的金融機構。

第四部分　貨幣與金融
60. 為什麼要買保險？

60. 為什麼要買保險？

　　假如一個人得了非常嚴重的病，他的 100 個朋友每人拿出 1000 元來幫忙，總共能籌得 10 萬元。但是，假使這個人有 1 萬個朋友，每一個人只要拿出 10 塊錢，就能湊到 10 萬元。一個人拿出 10 塊錢太容易了，但是要認識 1 萬個朋友卻談何容易。然而，保險能幫你結交 1 萬個朋友，當其中任何一個人發生不如意的事情時，我們都會拿出 10 塊錢來幫助他，湊成 10 萬元解決他的困難和危機。如果不如意的事情發生在我們身上，別人也會拿出 10 塊錢，湊成 10 萬元來幫助我們。所以保險其實就是「我為人人，人人為我」的一種制度設計。保險公司是公平合理地收集、管理、分配互助基金的中間人。我們平時幫助的人愈多，當遇到困難時，別人也能幫助我們愈多。

　　人們因為厭惡風險而規避風險，保險應運而生。保險是人們為了應對由意外事件，比如疾病等引起的財務風險而購買的基金。人們向保險公司支付保險費，換回一個承諾，即如果被保險的事件發生，保險公司將進行賠償。保險並沒有消滅風險，而是分擔了風險：風險原來由投保人自己承擔，現在由保險公司承擔。

　　通俗地講，「保險」就是「互助」，互相幫助解決經濟上的困難。保險公司提供一個多人互助的平台。在傳統的社會裡，

0 公式經濟學
極簡經濟知識無痛學習！

如果家裡發生了意外，我們都會通知親戚朋友並請他們來幫忙，但是親戚朋友是有限的，發揮的力量也是有限的。

買保險主要是為了規避風險，即花少量的保險費，避免大的經濟損失。保險就像一把保護傘，為未來提供一份保障。它把個體承擔的風險分散到每個投保人身上，讓每個人都不至於因為某些意外事件而陷入無法自拔的困境。國家大力促進保險業的發展，就是想透過這樣一種方式使我們的社會更加穩定和諧。

保險行業是現代金融的重要組成部分，是市場經濟條件下風險管理的基本手段。保險既體現一定的經濟關係，又是一定的法律行為，即依據保險合同，一方交付保險費，另一方承擔他方因自然災害和意外事故所致損失賠償責任的法律行為。交付保險費的一方就是投保方，而承擔賠償責任的往往就是保險公司。

第四部分　貨幣與金融
61. 股票和股票市場

61. 股票和股票市場

「我可以計算天體運行的軌道,卻無法計算人性的瘋狂。」這是牛頓在 1720 年炒股賠錢後的哀嘆。那一年,牛頓買了一支南海公司的股票,沒等股票大漲他就將其賣掉了。可賣掉以後,這支股票開始「瘋漲」,牛頓又高價買入,結果買入後股票崩盤,賠了兩萬多英鎊。

那麼,令人瘋狂的股票到底是什麼呢?讓我們透過一個簡單小故事來瞭解股票的真相。

小王剛搬到一個新的社區,發現社區周圍沒有一家超市,買東西相當不方便。小王認為這是一個絕好的投資機會,但問題是小王沒有足夠的錢來開一家超市。這時候,小王想出了一個辦法,那就是給自己的超市發行股票來籌集資金。

小王的想法吸引了很多人,大家覺得小王開超市肯定可以賺不少錢,因此踴躍購買小王公司的股票,成為了股東。假設總共發行了 10 萬股,每股 1 塊錢,則小王從股東那裡籌集到 10 萬塊錢,超市順利開張了。正如小王預想的那樣,第一年,超市賺了 10 萬元。年終的時候,小王召開了股東大會,並通報了盈利情況,股東們很高興,因為年初投入的每一塊錢現在都有了 1 塊錢的利潤。股東們覺得小王應該留出一部分利潤(比如說一半)用於擴大經營規模。因此,公司留下了一半的利潤

0 公式經濟學
極簡經濟知識無痛學習！

（稱為留存收益），其餘的利潤按每股 0.5 元分配給所有的股東。

簡單來說，股票就是一種憑證，你有權從所持股票的公司的盈利中獲得收益。但如果公司經營得不好，虧損了，那麼你手中的股票就不那麼值錢了。比如原來每股 1 塊錢，現在可能會變成 0.8 元。所以這時股東就要承擔股價下降、股票貶值的風險。

公司發行股票的最終目的是為了籌集所需要的資金，而股東購買股票，就是看中了公司的盈利能力，希望透過股票投資賺錢。股票的發行使得企業家可以獲得所需資金，同時又使股東們的錢能夠更有效地發揮作用，這促進了社會的發展和進步。

股票發行之後，可以在市場上交易。如果你覺得手中的股票不好，就可以賣出；如果你覺得某家公司的股票好，也可以買入。我們把買賣股票的地方稱為股票市場，簡稱股市。

股票在股市中交易和買賣，因此股票價格是有波動的。股票價格總體上漲時，我們稱之為「牛市」，也叫「多頭市場」。這是因為價格上揚時市場熱絡，投資人與證券經紀人擠在狹小的證券交易所中，萬頭攢動，如傳統牛集市的圈牛群一般壯觀，故戲稱為「牛市」。牛在西方文化中也是財富與力量的象徵。

相反，當股票價格總體下降時，我們稱之為熊市，又稱為「空頭市場」。「熊市」的名稱，源於美國西部拓荒時代，

第四部分　貨幣與金融
61. 股票和股票市場

美墨兩國邊境的牛仔閒暇時常常賽馬、鬥牛，或是抓灰熊來鬥牛，人們圍觀下注，以此為娛樂活動。後來美國人就把熊和牛視為對頭動物。既然多頭市場稱為「牛市」，空頭市場就稱為「熊市」。

為什麼股票或股市會讓人著迷和瘋狂呢？這是因為股票的價格會不斷上漲和下跌，會讓股票持有人的財富一會兒增加一會兒下降，讓人捉摸不透。比如，現在股票價格為每股 10 塊錢，我有 10000 塊錢，那我正好可以買 1000 股股票。第二天，股票價格上漲為每股 11 塊錢，那我現在的股票就值 11000 塊錢，我的財富就增加了。但第三天這支股票的價格跌到每股 8 塊錢，現在我的股票就只值 8000 元了，我的財富就縮水了。因為股票價格有時候變化非常大，所以股票持有人的財富水準變化也非常大。大家都很想搞清楚股票價格為什麼、什麼時候會漲或跌，這固然令人著迷，但同時也意味著股票和股市的投資風險非常大。

62. 從眾心理——羊群效應

投資大師葛拉漢在《證券分析》中為我們講述了一則寓言故事：一位石油大亨死後獲准升入天堂，但他在天堂的門口被聖彼得攔住了。聖彼得告訴了他一個糟糕的消息：「雖然你生前的善行足以讓你有資格升入天堂，但天堂裡分配給石油大亨居住的地方已經爆滿了，我無法把你安插進去。」這位石油大亨聽完，想了一會兒後對聖彼得說：「能否讓我進去跟那些住在天堂的人們講一句話？」在得到同意後，這位石油大亨就對著天堂裡的人大喊：「地獄裡發現石油了！」聽聞消息後，天堂裡所有的石油業者都爭先恐後、蜂擁奔向地獄。聖彼得看到這種情況非常吃驚，便恭請這位石油大亨進入天堂。但是，這位石油大亨遲疑了一會兒說：「不了，我想我還是跟那些人一起到地獄去碰碰運氣吧，說不定真有石油呢。」

大家可能覺得很好笑，可這確實是在金融投資中，特別是在股票投資中經常出現的現象。我們把這類現象叫作「羊群效應」。曾經有這樣一個實驗：在一群羊前面橫放一根木棍，第一隻羊跳了過去，第二隻、第三隻也會跟著跳過去。這時，把那根棍子撤走，後面的羊走到這裡仍會像前面的羊一樣，向上跳一下。這就是所謂的「羊群效應」，也稱「從眾心理」。

現在的「羊群效應」是股票投資中的一個術語，主要是指

第四部分　貨幣與金融
62. 從眾心理——羊群效應

投資者在交易過程中盲目學習與模仿的現象。這些投資者盲目效仿別人，在某段時期內與別人買賣相同的股票，造成股票價格劇烈地波動。

當股票價格上漲時，大家都買入這支股票，於是股票價格不斷被推高；反之，當股票價格下跌時，大家又一窩蜂地賣出股票，使得股票價格進一步走低。從眾心理使得股票價格波動幅度增大，加劇了投資風險。這也給投資者出了一個難題，若從眾追漲，就往往追到高價位，最後成為接盤俠，損失慘重；若不從眾，特立獨行，又難以克服心理上的恐懼。

羊群效應或者從眾心理，不僅在經濟、投資領域會出現，在現實生活中也經常出現。比如大家都在看某部電視劇，某人為了顯得合群，也跟著看這部電視劇，但這個人未必就真喜歡這部電視劇。再比如，大家都在用蘋果 iPhone，於是我也開始使用蘋果 iPhone，但也許蘋果 iPhone 並不適合自己。羊群效應從經濟學的角度上講是一種非理性的行為。如何克服這種從眾心理，做出理性的選擇，是值得我們認真思考的問題。

經濟學裡經常用「羊群效應」來描述經濟個體的從眾、跟風心理。「羊群效應」告訴我們，市場中的普通大眾往往容易喪失基本判斷力，人們喜歡湊熱鬧、人雲亦雲。很多時候我們不得不放棄自己的個性去「隨波逐流」，因為我們不可能對所有事情都瞭解得一清二楚，對於那些不太瞭解、沒把握的事情，

0 公式經濟學
極簡經濟知識無痛學習！

往往沒有主見。除此之外，持某種意見的人數的多少是影響從眾的最重要的因素，很少有人能夠在眾口一詞的情況下，還能堅持自己的不同意見。

第四部分　貨幣與金融
63. 複利

63. 複利

一個愛下象棋的國王棋藝高超，從未遇到過敵手。為了找到對手，他下了一份詔書，不管是誰，只要下棋贏了國王，國王就會答應他任何一個要求。

一個年輕人來到皇宮，要求與國王下棋。緊張激戰後，年輕人贏了國王，國王問這個年輕人要什麼獎賞，年輕人說他只要一點小獎賞：在他們下棋的棋盤上放上麥子，棋盤的第一個格子中放一粒，第二個格子中放進前一個格子中數量兩倍的麥子，接下來每一個格子中放的麥子數量都是前一個格子中的兩倍，以此類推，一直將棋盤每一個格子都擺滿。國王沒有仔細思考，以為要求很小，於是就 欣然同意了。但很快國王就發現，即使將自己國庫中所有的糧食都給他，也不夠他要求的百分之一。從表面上看，青年人的要求起點十分低，從一粒麥子開始，但是經過多次翻倍，就迅速變成非常龐大的天文數字。

上面的這種增長方式類似於經濟學中的複利。複利是計算利息的一種方式，簡單地說，利息是我們存錢時銀行每年給我們的回報，但是要計算利息，還需要有利率。只要大家仔細觀察，就會發現每家銀行大廳都有個電子板，上面標著每種存款每年的年利率，比如活期存款年利率為 27%，它指的是存 100 塊錢每年能夠付給你 27 塊錢的利息。

0 公式經濟學
極簡經濟知識無痛學習！

簡單地理解複利就是利滾利，一筆錢開始可能很少，但透過複利就可以達到難以想像的巨大額度。比如一個 25 歲的年輕人，投資 1 萬元，每年贏利 15%，到 65 歲時，就能獲得 200 多萬元的回報。

一個國家，只要保持穩定的經濟增長率就能實現經濟繁榮，從而增強綜合國力，改善人民的生活。從這個角度來看，「可持續發展」實質上是追求複利的另一種說法。企業的發展壯大也是一種複利效應。有的企業只追求眼前利益，在企業競爭力和企業文化方面缺乏積澱，沒有發展後勁，久而久之，企業要嘛發展不下去，要嘛仍然是小打小鬧。但有的企業目光遠大，設定了遠景目標，注重可持續發展，善於利用市場中提供的機會擴大規模，使企業的發展能夠一年一個台階地穩步發展。雖然中間也會有波折，但透過幾十年甚至上百年的努力，就會成為一個世界著名的大企業。

從廣義上來看，人生中也有和複利效應類似的道理。比如，一個人一年取得的成就也許微不足道，但如果他每年都能在過去的基礎上前進，長期地累積，就會獲得巨大的成就。隨著時間的推移，同樣的起點卻迎來不同的人生，這就是「複利」的力量在人生歷程中的體現。

複利就是利滾利或利上加利，一筆存款或者投資獲得回報之後，再連本帶利進行新一輪投資，這樣不斷循環，就是複

第四部分　貨幣與金融
63. 複利

利。同樣的初始條件,而利率不一樣,時間長短不一樣,就會產生差異很大的結果。比如一開始我們只有 100 元,在第 1 年裡,當利率為 1% 時,我們可以得到 101 元;當利率為 2% 時,可以得到 102 元。到第 10 年的時候,當利率為 1% 時,我們可以得到 11046;當利率為 2% 時,則可以得到 1219 元;以此類推。

64. 套利

　　春秋末年，吳國和越國是兩個相鄰的國家。某天吳國與越國之間發生矛盾，吳國規定越國的 100 錢只能換吳國 90 錢；越國不甘示弱，規定吳國的 100 錢只能換越國 90 錢。此時，有個聰明的吳國人認為機會來了。於是，他先在吳國用吳國的 100 錢買了 10 錢的酒，這時他還剩下 90 的吳國錢，然後他在吳國用這 90 錢換成越國的 100 錢。然後他去到越國，用 100 越國錢同樣買了 10 錢酒，這時他還剩下 90 的越國錢，然後他用這 90 越國錢在越國兌換成 100 吳國錢。最後他拿著這 100 吳國錢回到了吳國。如此一來，這個人手裡的錢一分也沒少，但卻可以在吳越兩國之間來回喝酒。吳國人的這種行為就稱為套利。此人手裡的錢並沒少，那麼，是誰在替他買單呢？

　　最初，100 吳國錢是可以換 100 越國錢的，但後來由於兩國的矛盾，人為規定了兌換比率，這就產生了貨幣的錯誤定價，偏離了原本的兌換價格，從而出現了套利機會。根據兩國貨幣或者商品的錯誤定價，在兩國間買賣該貨幣或者商品，賺取它們之間的差異（這個故事裡的差異是 10 錢）的行為就是套利。在該故事中，實際替此人買單的是賣酒的酒家。如果擴展到全部商品，也就是所有的商品都能進行套利，並被他人無成本地獲取，那麼買單的就是所有商品的生產者。需要說明的

第四部分　貨幣與金融
64. 套利

是，在一段時間內，這些利益是有限的。隨著越來越多的套利行為的發生，最終將無利可圖。如果兩國貨幣恢復到正常的定價情況，這一收益會慢慢消失，最終為零。當這一收益為零的時候，兩國間的貨幣就會被追逐利益的力量調整回正常水準，也就是吳越兩國還是 100 錢兌換 100 錢。

套利是不用付出成本就能獲取收益的一種狀況。因為人都是逐利的，所以當人們都追逐這一利益時，利益會被大眾慢慢消化，最終趨於零，所以套利往往是不會長久的。

套利對普通的生產者也是不公平的，因為在這一活動中，可交易商品量減少，生產出來的產品被他人免費佔有，生產者就白白損失了利潤。如今，股市、房市、外匯市場中經常都會出現套利現象。

套利通常指在某種實物資產或金融資產（在同一市場或不同市場）擁有兩個價格的情況下，以較低的價格買進、較高的價格賣出，從而獲取無風險收益的行為和現象。舉個例，比如蘋果 iPhone 剛上市的時候，在 A 國的價格就低於在 B 國的價格，很多人就從 A 國購買蘋果 iPhone 然後在 B 國銷售，獲取差價，這種行為就是套利。現在很多網上的代購都可以看作是套利行為。

0 公式經濟學
極簡經濟知識無痛學習！

65. 風險投資

　　春秋戰國時期，宋國有一個叫監止子的大商人，他在市場看到很多人在爭購一塊璞玉（未經雕琢的玉胚）。大家出的價約100金。監止子看到這塊玉的確是一塊美玉胚子，但他又不願意多付錢，於是便想了一個點子。他假裝在看玉的時候失手，將玉摔到地上，摔壞了。這樣一來，別人都不爭了。賣主要求賠償，他就按大家出的100金賠給了賣主。監止子把玉拿回去，進行修理加工後，變成了一塊美玉，賣價竟達到1000金，獲得了10倍的利潤。從今天的經濟學角度來看，只摔破一小塊，無損玉的價值，所以最後可以賣到1000金。但萬一整個摔破呢？監止子就得白白付出100金。監止子的這一行為冒了很大的風險。我們把這種行為稱為風險投資。

　　現實的經濟生活中有很多風險，且風險的種類不同。比如說這塊玉的成色屬於系統風險，也就是不可以規避的風險；監止子假裝失手屬於非系統風險，也就是可以規避、可以控制的風險。在上面的例子中，監止子冒了一個玉可能被摔壞的風險，讓自己從中漁利。現實中，往往冒的風險越大，獲得的利益也越多。但是千萬要記住，冒風險是有成本的，風險越大，可能付出的代價越大、成本越高。因此，我們在從事風險投資的時候，要考慮風險帶來的收益和成本，要認真地權衡其中的

第四部分　貨幣與金融
65. 風險投資

利弊，這樣才能做出正確的風險投資決策。

經濟學中有投機和投資之分，它們之間最大的區別就是面臨的風險不同。一般而言投機的風險較大，但是收益也大；投資的回報比較慢，但是風險較小。希望大家以後在面臨選擇的時候能慎重地權衡風險和回報之間的關係。

風險是指未來的不確定性，也就是說你從事某項活動後，這個活動帶來的結果是不確定的。監止子摔玉的時候，不能確定會出現哪一種情況，所以他的行為帶來的結果也是不確定的，是冒了風險的。經濟學中，為什麼投資或者買賣股票是高風險的行為呢？因為你在做投資或買賣股票時，這筆投資或這支股票能不能賺錢或能賺多少錢，都是無法確定的，所以投資和買賣股票充滿了風險。

> 0 公式經濟學
> 極簡經濟知識無痛學習！

66. 不要把雞蛋放在一個籃子裡

被美國《財富》、《富比士》等財經雜誌連續多年評為世界首富的微軟主席比爾蓋茲，擁有的財富最多時達 800 多億美元，除了總值達 700 多億美元的微軟公司股票之外，他把其他資產都放到了個人戶頭和兩大基金上。

作為美國經濟的一大神話，蓋茲「斂財」的速度快得驚人，僅用 13 年就累積了如此龐大的資產，因此眾多媒體常常將他神化，說他理財手段多麼了得。那麼他究竟有什麼投資秘訣呢？美國《財富》雜誌的記者在採訪了蓋茲的投資經理後披露，實際上這位世界首富在投資方式上並沒有什麼特別的方法，他與一般的美國人一樣，採用一種分散風險的投資方式。

所謂分散風險的投資，簡單理解就是把錢投資到不同的地方以分散投資的風險。更具體的一個比喻就是：不要把雞蛋放在同一個籃子裡。假設我們把雞蛋放在一個籃子裡，如果籃子掉到地上，雞蛋就會全部摔壞；但是如果我們把雞蛋分別放在不同的籃子中，即使有一兩個籃子摔了，其他雞蛋還是完好無損的，這就降低了雞蛋被摔壞的風險。

從上面的數據上我們看到，蓋茲雖然把大部分的錢都投入了微軟公司，但剩下的錢分別買了債券、股票或者貸給了其他私人，這其實就是分散投資。事實上，自從微軟的股票上市以

第四部分　貨幣與金融
66. 不要把雞蛋放在一個籃子裡

來，蓋茲平均每季度賣掉的微軟股票達 500 萬美元。此外他還捐出 7600 萬元微軟的股票用於慈善事業。最後他在微軟的持股量從 13 年前的 44.8% 下降到不久前的 18.5%，這就使他逐步實現了分散投資的目標，減小了投資所面臨的風險。

我們從比爾蓋茲多年的投資行為可以知道，這位世界首富的投資理念一直都遵循多樣化投資、分散風險的策略，這就是比爾蓋茲能夠多年在世界富豪榜上位居第一的原因。

錢放在口袋裡不用，其實是會貶值的，因為我們總是面臨著通貨膨脹。或許大家會發現，越來越多的人不再把錢存進銀行，而是拿去投資，使得自己的資產保值甚至升值。但是在投資學裡，最重要的一個原則就是進行分散投資以降低投資中所面臨的風險。

1981 年的諾貝爾經濟學獎得主詹姆斯托賓有一句非常經典的話：「不要把所有雞蛋放在同一個籃子裡。」這句話之所以經典，是因為它講述了投資時一個非常重要的道理：分散投資從而降低風險。它告訴我們不要把所有的資本都投到一件事情上，應該做多手準備。萬一這個籃子裡的雞蛋打破了，也會有別的籃子裡的雞蛋剩下。這告誡人們進行經濟活動時不要孤注一擲，要多留幾條後路。

0 公式經濟學
極簡經濟知識無痛學習！

67. 金融市場泡沫

400 年前的荷蘭「鬱金香事件」是廣為人知的一次市場泡沫破滅事件。

所謂的泡沫，指的是由於人們過度投機，導致商品價格嚴重偏離其自身價值，先瘋漲再猛跌的經濟現象。

當時鬱金香從土耳其傳入西歐，善於開發的荷蘭人很快就栽培出了更具觀賞性的變種鬱金香。物以稀為貴，這些鬱金香球莖的價格也迅速上漲。在利益的驅動下，鮮豔的花朵成了投機的對象，許多人一夜暴富。於是，投資者們不分男女老少，都滿懷期待，希望靠鬱金香成為百萬富翁。為此，不知有多少人高息貸款，放手一搏。

然而，此時泡沫經濟突然展現了它的可怕之處。1637 年 2 月 4 日，價格已經嚴重脫離其實際價值的鬱金香一夜之間變得像魔鬼一樣恐怖。這一天，希望獲得暴利的人們震驚地發現，鬱金香的價格急遽下跌，市場幾乎在轉眼之間就崩潰了。那些背負著高額債務進行買賣的人，一下子變得一文不名、負債累累。許多人自殺，致使社會動盪不安。混亂的事態使得荷蘭陷入了經濟危機，鬱金香製造了一起著名的「泡沫事件」。

凡是吹過肥皂泡的人都會被它的美麗所吸引，孩子們更是喜愛。不過，我們都明白，泡泡越大越圓越光鮮，破滅得也越

第四部分　貨幣與金融
67. 金融市場泡沫

快,而且這種破滅是瞬間發生的。在經濟學裡,也有一種現象和肥皂泡非常相似,那就是「泡沫經濟」。

「鬱金香事件」之後,人類經濟史上的泡沫事件便頻頻發生。泡沫經濟是指經濟過熱造成的不正常膨脹,價格往往先是反常地急遽上漲,到了最後,當其價格已經嚴重背離其實際價值時,又突然暴跌,資產猛然收縮,從而導致嚴重的經濟危機。

泡沫經濟的案例有很多。由於泡沫經濟的影響面廣、危害性大,世界上許多國家,都在研究泡沫經濟,探究它的深層機制,以便採取措施來預防或者降低它造成的不利影響。

華而不實,必不長久。古往今來,任何過度繁華的社會往往都潛藏著深刻的危機,泡沫經濟也同樣如此。到了現代社會,房地產泡沫和股票泡沫在經濟全球化的背景下產生的危害更加嚴重、波及更加廣泛,迫使各個國家高度重視,大力預防。

當經濟泡沫破滅的時候,對經濟的危害是巨大的。最近的泡沫危害就是 2008 年的金融危機,這場由美國房地產次級貸款市場泡沫破滅引起的危機使得全世界經濟都陷入困境,很長時間才恢復過來。因此,我們需要努力防止經濟泡沫的形成,避免釀成巨大的經濟災害。

國家圖書館出版品預行編目資料

0公式經濟學：極簡經濟知識無痛學習！/ 李毅
著 . -- 第一版 . -- 臺北市：崧燁文化，2020.09
　面；　公分
POD 版
ISBN 978-986-516-459-1(平裝)
1. 經濟學
550　　　　109012650

0公式經濟學：極簡經濟知識無痛學習！

作　　者：李毅 著
編　　輯：林非墨
發 行 人：黃振庭
出 版 者：崧燁文化事業有限公司
發 行 者：崧燁文化事業有限公司
E - m a i l：sonbookservice@gmail.com
粉 絲 頁：https://www.facebook.com/sonbookss/
網　　址：https://sonbook.net/
地　　址：台北市中正區重慶南路一段六十一號八樓 815 室
Rm. 815, 8F., No.61, Sec. 1, Chongqing S. Rd., Zhongzheng Dist., Taipei City 100, Taiwan (R.O.C)
電　　話：(02)2370-3310　　　傳　　真：(02) 2388-1990
總 經 銷：紅螞蟻圖書有限公司
地　　址：台北市內湖區舊宗路二段 121 巷 19 號
電　　話：02-2795-3656　　　傳　　真：02-2795-4100
印　　刷：京峯彩色印刷有限公司（京峰數位）

―**版權聲明**―

本書版權為西南財經大學出版社所有授權崧博出版事業有限公司獨家發行電子書及繁體書繁體字版。若有其他相關權利及授權需求請與本公司聯繫。

定　　價：260 元
發行日期：2020 年 9 月第一版
◎本書以 POD 印製